今いる社員で成果を上げる
中小企業の社員成長支援制度

大竹英紀 株式会社中央人事総研
代表取締役

合同フォレスト

はじめに

使えない人事制度よ、さようなら

私は、今まで５００人以上の中小企業の社長から、人事制度についての相談を受けました。

よくある相談は、

①人事制度は作ったが運用がうまくいっていない
②管理職が人事制度に対して本気で取り組んでいない
③評価制度や等級制度、賃金制度がつながっておらずバラバラである

など、中小企業の半分以上が人事制度の運用がうまくいっていないと思っているようなのです。

専門家に多額の費用を支払って人事制度を構築したケースもあり、運用ができていないのは非常にもったいない、時間とお金の損失と言わざるを得ません。

私が今までに行った100社以上の人事制度のコンサルティングを通じて思うのは、「使えない人事評価はなくせ」ということです。

人事制度がうまくいっていない会社の社員は、共通して元気がありません。そのことが、社員の成長する機会を奪っているのです。

私は人事制度を本当に使える制度に改善して、皆さんの会社と社員をドンドン成長させたいと考えています。

私自身もうまくいっていなかった

私自身、今から25年程前は、東海地区では中規模のコンサル会社に勤務し、企業に対して職能資格等級制度、人事評価制度、賃金制度といった、いわゆる「制度構築」の人事コンサルタントをするのが主な業務でした。

そのコンサル会社は売上や予算達成が厳しかったこともあり、コンサルタントたちは金額の高い人事制度の構築の指導に注力していました。

頭の中では人事制度の運用、たとえば考課者訓練、育成面談、社員教育が必要と思ってはいたものの、クライアントには強くは勧めませんでした。もちろん、ノウハウがまだ少ないという理由もありましたが……。制度構築の仕事が完了したら、すぐに次のクライアントを開拓することに追われていたのです。

あるとき、クライアントに呼ばれて、社長に会いに行きました。

「人事制度を作っていただきましたが、なかなかうまくいきませんね。評価はとてもばらつきが多く、調整にひと苦労です。また管理職も何かやらされている感があり、イヤイヤやっているという感じです。最初の狙いどおりに社員のやる気が向上する人事制度を期待していたのですが……」

その言葉を聞いて、ショックを受けました。人事制度構築の後には、考課者訓練、育成面談、社員教育などの運用支援が必要なのですが、新たなクライアントの開拓でそこまで手が廻りませんでした。

その社長の話はとても衝撃的で、しばらくの間、仕事に身が入りませんでした。

独立後のリベンジ――人事制度の運用で人は変わっていく

私は2004年に独立したのをきっかけに、コンサル会社の苦い経験を払拭するため、人事制度構築後には必ず運用支援を導入することを心がけるようにしました。

「どうしたら人事制度でクライアントの社員がやる気と能力を最大限にアップできるか」

という命題に対して、毎回のコンサルティングの中で検証し、この15年間実践を繰り返してきました。

「仏作って魂入れず」ということわざがありますが、社員成長支援制度を構築し、運用の過程で魂を入れることによって、期待どおりの社員に少しずつ変わっていくのです。

本書の第6章に、ある3社の「社員成長支援制度」の導入事例を紹介しておりますが、この3社は社員の状況を見ながら、さまざまな手を打ち、それによって社員の考えや行動が変化しています。社員成長支援制度は、「教育制度」そのものです。

中小企業の経営者の皆さんには、今いる社員とこれから入社する社員を、本書で解説している社員成長支援制度でぜひ磨いてほしいと思います。

そして、あなたの会社で日本一ピカピカの社員に成長してほしいと心から願っています。

株式会社中央人事総研　代表取締役　大竹英紀

もくじ

第2章 なぜ、中小企業は人が育ちにくいのか

第3章 今いる社員で成果を上げる「社員成長支援制度」とは

第4章　具体的な社員成長支援制度の構築方法

第5章　運用で社員一人ひとりの力を最大限に伸ばす

第6章　3社の事例——社員成長支援制度の導入・実践とその変化

第1章

企業を取り巻く環境変化と企業に与える5つのインパクト

① 経営環境とともに変わる人事制度へのインパクト

人事制度を具体的に説明する前に、第1章では、人事制度が時代とともに変化しているということについてお話ししたいと思います。

一般的に人事制度とは、「社員の処遇を決定する仕組み」をいい、狭義には等級制度、評価制度、処遇制度の3つの制度から構成されます。広義には、勤務形態、労働時間、福利厚生など社員に関するすべての仕組みを指すといわれています。

《高度経済成長期》1950〜1969年

図表1－1を見てください。まず1950〜1969年は、いわゆる高度成長期で、物不足の時代でしたから、作れば作るほど物が売れ、会社業績が良くなり、給料もどんどん上がるという時代でした。当時の池田内閣が「国民所得倍増計画」を講じて、日本は年平均10%という驚異的な経済成長を遂げました。

そのために人材不足が顕在化し、企業は新卒採用を急激に強化しました。その流れで「終身雇用制度」「年功序列」「企業内組合」といった日本的経営システムの三種の神器が

図表1－1　人事制度の歴史と今後

	1950～1969年	1970～1989年	1990～2004年	2005年～現在	今後は…？
1 経済	高度成長期	安定成長期 （バブル景気） ドルショック（ニクソンショック）	バブル経済の崩壊	平成不況 アベノミクス	自国第一主義の台頭 （貿易戦争） 資本主義の見直し
2 社会	国民所得倍増政策	一億総中流社会 自由主義（競争回避）	IT革命 インターネットの普及	少子高齢化 価値観・就業意識の多様化	超高齢化・外国人労働者増加 AI革命による働き方改革
3 人事	年功序列制 終身雇用 企業内労働組合 新卒採用	能力主義 終身雇用 職能資格制度 新卒採用	旧成果主義 リストラ・中途採用の一般化	ポスト成果主義 グローバル化への対応 戦略的人事	よりグローバルなダイバーシティー人事管理の促進 定年延長・再雇用者への積極的人事政策 達成型人事（役割責任に基づく） ミッション・プロジェクト
4 賃金	年功給	能力給（一部年功給）	成果給	ポスト成果給	職種別賃金体系 多様な雇用形態による賃金制度

「日本における人事制度の変遷と企業意識」 https://jinjibu.jp/f_ps_system/article/detl/outline/927/ をもとに筆者作成

企業内に構築されたのです。

《安定成長期からバブル経済期》
1970～1989年

1970年代になると、景気は比較的安定し所得も向上してきたために、「年功序列では公平な評価はできない」と社員からの不満が出てきました。

そこで大企業を中心に、能力主義という考えをもとにした人事・賃金制度の導入が始まります。皆さんもご存じの「職能資格制度」という資格制度が初めて導入されたのです。

つまり、能力を等級に区分し、

それを処遇に反映させる方式です。非常に緻密な制度なため、人事部という部署がある大企業しか、当時は運用がうまくいっていませんでした。

その当時、コンサル会社に勤務していた私は、「〈統率力〉〈管理力〉〈リーダーシップ力〉〈表現力〉など、さまざまな能力評価の指標があるが、実際の仕事の評価になっているのだろうか?」という疑問をもちながら、クライアントに対応していたのを思い出します。

中小企業の一部にも、この職能資格制度を、社員の評価・処遇について納得のいく制度に改善しようという動きが出始めました。

《バブル経済の崩壊と成果主義》1990~2004年

日本企業はバブル経済の崩壊に直面します。

このときに、大企業が採った人事政策がいわゆる「成果主義人事」です。

成果主義というのは、聞こえはいいのですが、一言でいうと「人件費削減」です。会社の成果や個人の成績に応じて評価し、処遇する、一見合理的な仕組みです。企業業績悪化の理由で、人件費削減、リストラ、早期退職、出向、転籍などを駆使しましたが、結局のところうまくいきませんでした。

アメリカ流の成果主義の適用は、結果的に組織の一体感を崩壊させ、個人主義を助長させ、ぎすぎすした組織風土を作り上げてしまいました。

その結果、企業から人材が流出しますが、人材育成をする余裕がない企業は、中途採用にシフトしていかざるを得ませんでした。この時期、社員を優秀な人材に育成するための「コンピテンシー」理論もアメリカから導入され始めます。

《長期化するデフレ不況と大企業と中小企業の格差》2005年〜現在

2005年以降、デフレ不況が定着し、経済の低迷が続きます。企業では、失敗した成果主義から脱却するための制度を模索していました。ポスト成果主義と言われ、さまざまな視点で企業が人事制度を再構築し始めたのです。

また、仕事に対する価値観の多様化、多様な雇用形態（派遣社員、契約社員、パート社員など）への対応、団塊世代の大量退職、高齢者の人事管理などさまざまな課題が現在まで継続、山積しています。


このように人事制度は、社会・経済情勢や経営者・労働者双方の考え・価値観によって変化してきているのです。とりわけ処遇制度では、年功給から能力給、成果給へと変化してきました。

ここで教訓とすべきは、単に流行だけで企業の人事制度を変えてはいけないということです。

特に「ヒト」を中心とする仕組みは、企業の独自性を反映させるものであって、決して他社の制度を模倣するものではありません。

たとえば、大手電気機器メーカーのキヤノンは、御手洗冨士夫社長時代（1995〜2006年）に、終身雇用の実力主義という独自の人事管理で不況を乗り切りました。厳しい経営環境の時期においても雇用の堅持を第一目的として、結果として社員のモチベーションを維持し、企業の競争力を一層強めたといわれています。

景気が悪いから、他社がやっているからといった判断で、ものまねの人事制度を導入すると、企業の競争力を弱めることにもなりかねません。新たに人事制度を構築する際には、自社の考え、経営者の想いを重要視して進めていくことが肝要です。

皆さんの会社の人事制度は、何に重きを置いていますか？

❷ 労働人口の減少により中小企業は大打撃

労働人口の変化が、企業経営にどのようなインパクトを与えるかについて考えてみましょ

図表１－２　日本の人口の推移

○日本の人口は近年減少局面を迎えている。2065年には総人口が9,000万人を割り込み、高齢化率は38％台の水準になると推計されている。

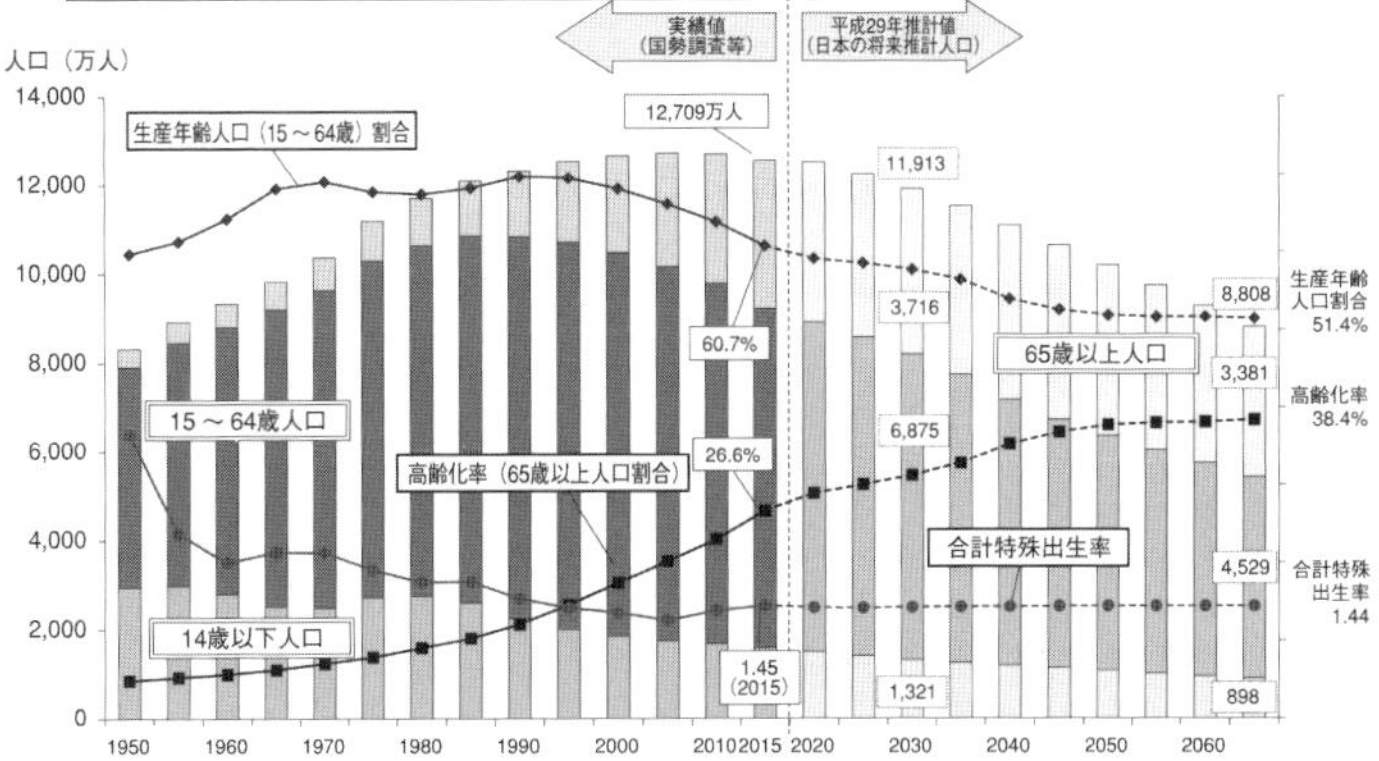

（出所）総務省「国勢調査」、国立社会保障・人口問題研究所「日本の将来推計人口（平成 29 年推計）：出生中位・死亡中位推計」（各年 10 月 1 日現在人口）、厚生労働省政策統括官付人口動態・保健社会統計室「人口動態統計」
http://www.mhlw.go.jp/wp/hakusyo/kousei/17-2/dl/01.pdf

う。厚生労働省が２０６５年ぐらいまでの労働人口の推移を予測していますが、まずは10年くらい先の人口の変化から確認してみましょう（図表１－２）。

①２０１５年の日本の総人口は１億２７０９万人。そのうち15歳から64歳までの生産年齢人口は７７１４万人（60・7％）、高齢者人口（65歳以上）が３３８１万人（26・6％）。

②２０３０年には、総人口は１億１９１３万人、生産年齢人口も６８７５万人（57・7％）に減り、高齢者人口は、３７１６万人（31・2％）に増加予想。

③２０６５年には、総人口は９０００万人を割り込み、高齢化率は38％超になると推計。生産年齢人口が減少していく中で高齢化率は増加、２０３０年には３人に１人が高齢者になると予測されています。

国は、生産年齢人口の減少に対して、さまざまな対策を講じています。外国人労働者、派遣社員の規制緩和などありますが、人手不足の解消には十分とはいえません。このままでは、日本の企業が立ち行かなくなる危険性があります。すでに、人手不足で仕事の受注を断ったり、事業廃止という事態に陥っている中小企業の存在も耳にします。

一方、60歳以上の労働力が現実に増えています。平成28年度版の『厚生労働白書』によると、２０００年には65歳以上の労働者が４８３万人であったのが、２０１５年になると７２９万人に増加しています。なんと１・５倍の伸び率です。その一つの要因としては、「高年齢者雇用安定法」の改正により、雇用の「努力義務」が「義務」になった影響が大きいと考えられます。

今後は、こうした高齢者をいかに企業の中に取り込んで積極的に活用していくかが、人手不足の解消につながる一つの方法だと判断しています。

岐阜県にある中小製造業のN製菓は、アレルギー症状を引き起こす27品目を使わないチョコレートを製造していますが、そこで働く社員は、平均年齢70歳を超える地元の高齢者の人たちです。

「手間がかかるため大手メーカーも手を出さない商品だが、全ての子どもたちにチョコのおいしさを知ってもらいたい」とのことでした（中日新聞2018年5月5日朝刊から）。

N製菓のように、地方の中小企業においても積極的に高齢者を雇用して、労働力の確保と活用を正社員と同様に進めている企業も増えています。

もう一つの高齢者の活用法として、60歳以上の雇用者を嘱託として、部下育成や技術伝承などの得意業務に従事させ、将来の管理職を育成している事例もあります。

ベテラン社員が培ってきた技術や技能を後輩たちに伝承していくことは大変重要なことで、今後の中小企業の独自能力（コア・コンピタンス）をさらに強化します。

今後は、60歳以上の雇用が大変重要になります。企業としては、高齢者が働きやすい環境づくり、就業形態（短期間・短時間勤務、週休3日制など）、ヤル気の出る少額ボーナス制度などを工夫して、60歳以上でも継続雇用ができ、やりがいのもてる会社づくりが、これからの雇用戦略の重要な鍵になります。

③ 若年層社員の離職率増加で組織運営がピンチに

私は、ある中小企業の異業種団体に所属していますが、最近社長仲間から「大竹さん、最近の若い者は本当に我慢が足りないね。入社してから3年も経たないうちにもう辞めてしまったよ」という話をよく聞きます。皆さんの会社はいかがですか。

これは今に始まったことではなく、30年も前からこの傾向が続いています。皆さんもご存じのように「753現象」といわれ、中学校卒で7割、高校卒で5割、大学卒で3割が入社3年以内に離職してしまう現象のことです。これについては、厚生労働省の「新規学卒就職者の学歴別の離職率」に詳細が記載されています。

図表1－3のとおり、中途社員の採用後3年間の離職率は事業規模に関係なく約3割ですが、新卒社員では、中小企業の場合は44％、小規模企業の場合は57％と、約5割程が3年以内に離職しています。

規模が小さくなると離職率が増えるという理由を考えてみると、たとえば、会社のビジョンが曖昧である、上司との関係が良くない、仕事を教えてもらう仕組みがない、評価や賃金の基準が曖昧である、長時間労働、休日や労働条件が他社より劣っている、などが

図表1-3　企業規模別中途採用・新卒採用の3年以内の離職率

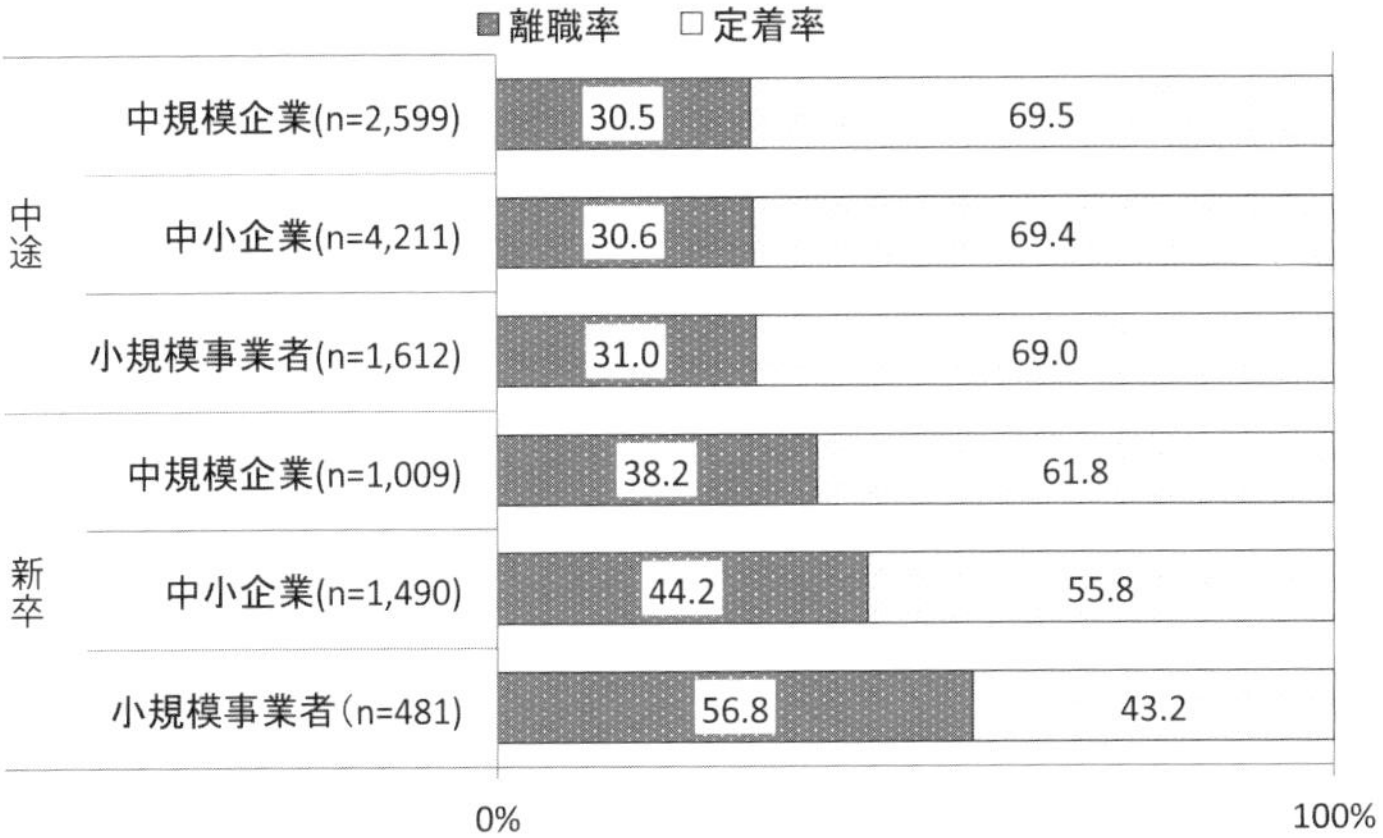

中小企業庁委託「中小企業・小規模事業者の人材確保と育成に関する調査」(2014年12月、野村総合研究所)より一部修正

あると推測されます。

これらを一つひとつ計画的に改善することによって、時間とお金をかけて採用した新入社員の離職率に歯止めをかけられるのです。

4 「働き方改革」は社員をダメにする?

エン・ジャパン株式会社の「『働き方改革』意識調査」によれば、現在、全企業の43%が働き方改革に取り組んでいると報告しています(https://corp.en-japan.com/newsrelease/2018/12828.html)。

その具体的な取り組みで上位を占めたのは、

① 長時間労働の見直し(ノー残業デー、深夜残業禁止等)が69%

②年次有給休暇取得の推進が48％
③仕事の進め方の見直し（業務プロセス改善、ツール導入等）が29％
④育児や介護の支援（育児休暇、介護休暇等）が26％

しかし、「それらの取り組みであなたの働き方は変わりましたか」という質問への回答では、「変わった」は22％で、「変わらない」が過半数の51％を占めています。

「変わらない」理由の上位は、
①「制度や仕組みが現場の実態に合っていない」48％
②「担当している仕事量が多い」39％
③「制度や仕組みを使う機会がない」31％
④「組織内での認知度・理解度が低い」19％
また、「働き方改革で個人でできること」の上位は、
①「仕事の進め方、取り組み方の工夫」56％
②「周囲と協力する体制づくり」44％
③「効率化に対する意識づけ」39％

私はこの調査結果から、まずは働き方改革の目的とゴールを明確にし、現状の労働環境を分析することが必要と考えます。この労働環境の分析を抜きに改革を考えても、効果は上がらないでしょう。

現在、国が推し進めている働き方改革（2018年6月末現在）では、長時間労働の是正、同一労働同一賃金の処遇改善の導入などが盛り込まれています。時間外労働の上限規制の導入や、同一労働同一賃金（有期雇用労働者、パートタイム労働者、派遣労働者などの処遇改善）の推進はもちろん重要ですが、それだけではなく、今までの仕事に対する考え方を見直すべきといえます。つまり、社員の「働く目的改革」こそ重要であると思います。

単に「時間外労働時間を減らす」＝「働き方改革」と思われがちですが、**本当の働き方改革とは、「働く目的改革」ではないかと考えています**。生活のために、家族を養うために働く、これは誰もが思っています。しかし、それだけではないのかもしれません。

仕事を納めたときにお客さん、上司、協力会社から「ありがとう。今度も頼むね」と言われ、「よし、次もお客さんのためにも頑張ろう」と思ったことは誰にでもあるでしょう。ということは、働く目的の中に「相手のために、喜んでもらうために仕事をする」という要素が含まれていて、そのために、「今よりも成長して、仕事の幅を広げたい」と誰もが考えているのです。

「労働、勤労を通じて社会に奉仕せよ」とは、かの松下幸之助の言葉です。

今回の「働き方改革」をきっかけに、「働く目的」をさまざまな角度から考えるきっかけになればいいでしょう。

「なぜ、今この会社にいるのか、この会社でどんな仕事をしたいのか、どんなキャリアを積み上げていきたいのか」

そのためには長時間労働を是正し、キャリアアップする時間を創出し、それらを実行していくことが私は必要だと思っています。

「働き方改革」は「社員の働く目的改革」であり、企業はこの働き方改革を通じて、今いる社員と将来入社する社員に対してどうしたら幸せになってもらえるのか、その実現のために「何を、どうすればいいのか」を考える絶好のチャンスだと私は強く考えます。

⑤ 企業はメンタルヘルスをどう守っていくのか

図表1－4を見ていただくと、労働相談コーナーへの民事上の個別労働紛争の相談件数、その中に占める職場のいじめ・嫌がらせに関する相談件数は年々増えていることがわか

図表1-4 2011年度個別労働紛争解決制度執行状況

総合労働相談コーナーへの職場のいじめ・嫌がらせに関する相談件数

職場のいじめ・嫌がらせに関する相談は、増加傾向にある。

相談件数の推移
- 民事上の個別労働紛争相談件数【A】(左軸)
- 民事上の個別労働紛争相談件数【A】に占める「いじめ・嫌がらせ」の割合(右軸)

年度	相談件数【A】	割合
2002年度	103,194	6.4%
2003年度	140,822	8.3%
2004年度	160,166	9.2%
2005年度	176,429	10.1%
2006年度	187,387	11.8%
2007年度	197,904	14.3%
2008年度	236,993	13.6%
2009年度	247,302	14.5%
2010年度	246,907	16.0%
2011年度	256,343	17.9%

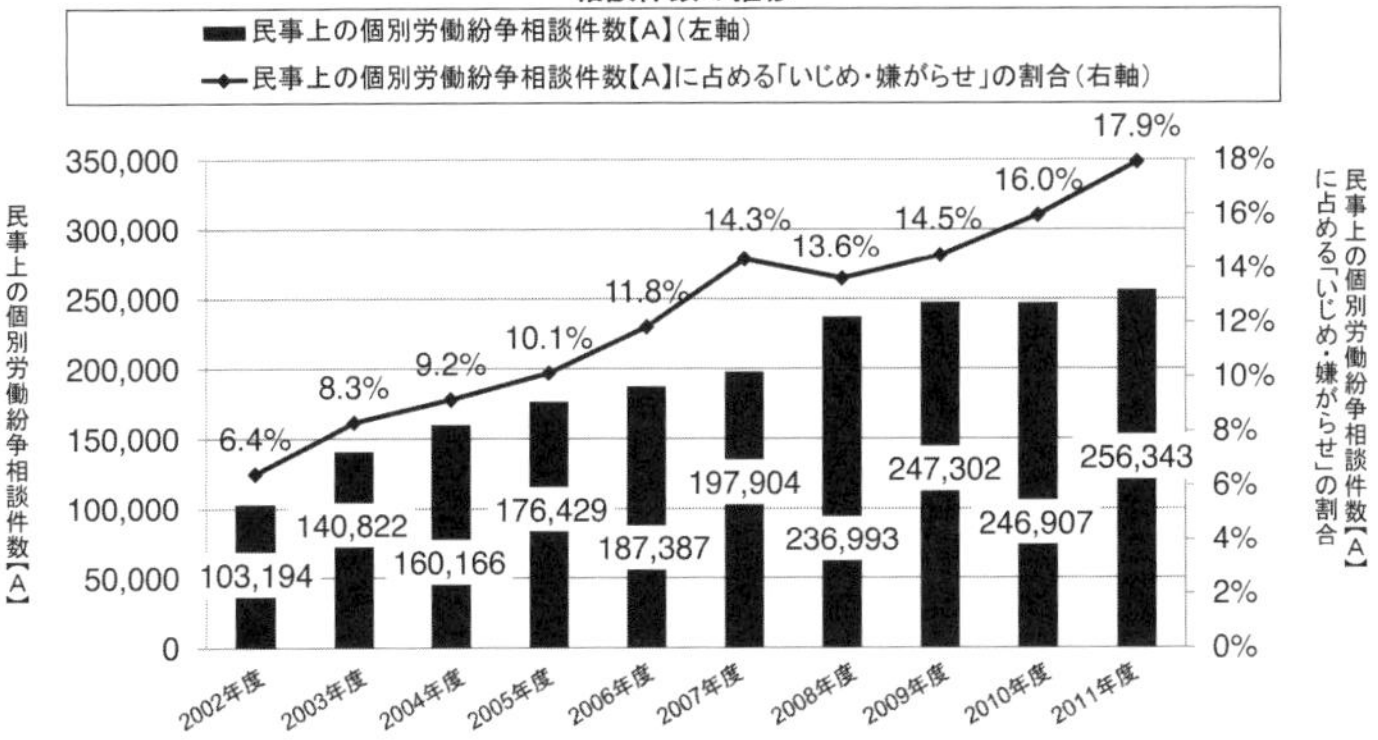

※1 「2011年度個別労働紛争解決制度施行状況」(厚生労働省、2012年5月)を基に作成。なお、「民事上の個別労働紛争相談件数に占める「いじめ・嫌がらせ」の割合」は、「いじめ・嫌がらせ」を含む相談の件数を全体の相談件数で単純に除したもの。

※2 2011年度は、上記の相談の中で、いじめ・嫌がらせに関するものは、解雇に関するものに続き2番目に多い。

厚生労働省2012年5月「総合労働相談コーナーへの職場のいじめ・嫌がらせに関する相談件数」より

ります。2011年度の民事労働紛争相談の約18％がいじめ・嫌がらせに関するものでした。

また、労働政策研究・研修機構の「職場におけるメンタルヘルス対策に関する調査」(2012年)によれば、調査した6割弱の事業所でメンタルヘルスに問題を抱えている正社員がいると報告されています。

その原因は、「本人の性格の問題」としているものが68％となっていますが、あくまでもこれは事業所の回答で

第1章 企業を取り巻く環境変化と企業に与える5つのインパクト

す。これを除くと、①「職場の人間関係」58％、②「仕事量・負荷の増加」38％、③「仕事の責任増大」32％、④「上司・部下のコミュニケーション不足」29％、⑤「家庭の問題」29％となっています。

経営者の見えないところで上司、先輩社員、同僚によるパワハラやいじめが日常的に起こっているのかもしれません。

このようなことが続くと退職者が増え続け、仕事が滞り、会社業績に悪影響を及ぼしかねません。これを単に本人の問題と放置するのではなく、会社の最優先課題として取り組んでほしいものです。

また、同調査によると、メンタルヘルスの具体的な取り組み内容としては、①「労働者からの相談対応窓口の整備」56％、②「管理監督者への教育研修・情報提供」51％、③「労働者への教育研修・情報提供」42％となっています。

労働者からのストレスや職場での人間関係の悩みを会社側が情報収集することに関心が高いことがわかります。

さらに、メンタルヘルスを進める際の留意点として、①「職場配置、人事異動等」61％、②「労働者の個人情報の保護への配慮」49％、③「心の健康問題に関する誤解等の解消」47％、となっています。機密性の高い情報を扱うため、様々な配慮がなされていると考えられます。

一方、「うつ病」などとは無縁で、社員が元気な会社も少なくありません。

D販売会社の社長によれば、「うちの会社は、上司と社員、先輩と後輩社員がよく話をしています。もちろん仕事の真面目な話もありますし、雑談や冗談もしばしばあります。それがかえって職場のコミュニケーションを良くして、信頼関係が増し、結果的には仕事がうまく回っています」。

まさにそうです。人間関係がうまくいっている会社とうつ病とは無縁なのです。

コンピテンシーは使えそうで使えない

私がコンピテンシーという言葉を聞いたのは、2004年に独立したときです。本で読んだり、セミナーでも耳にしました。

コンピテンシーとは、1970年代前半の米国文化情報局(USIA)の職員採用選考をきっかけとして生まれた理論です。「職務や役割において優秀な成果を発揮する行動特性」のことをいいます。最近では、社内の人材育成や評価基準、採用面接などに活用されています。

しばしば目にするのが、「コンピテンシー・ディクショナリー」といわれる汎用的な基準をそのまま使い、「うちはコンピテンシー評価をやっています」などと自慢げに話す企業の人事担当者の姿です。

その基準とは、達成思考、秩序・品質・正確性への関心、対人理解、顧客支援志向、インパクト・影響力、組織感覚、関係構築、他者育成、チームワークと協力、チームリーダーシップ、管理的専門、自己管理、自信、柔軟性、組織コミットメントなどが挙げられます。

しかし、コンピテンシー・ディクショナリーというのは、あるコンピテンシーの研究機関が理論モデルとして体系化したものに過ぎません。それをそのまま評価基準に使用しても、評価が曖昧になり、うまくいきません。

本当に評価に活かすには、各職種において好業績社員（ハイパフォーマー）に直接ヒアリングをし、より具体的な行動にブレークダウンさせることです。作成までにも相当な時間がかかります。

他社がやっているからとか、簡単だからという発想では人事制度はうまくいかないのです。

◆第1章 コラム◆

第2章

なぜ、中小企業は人が育ちにくいのか

❶ 社長の「人を育てるビジョン」が希薄

今までに私は500社以上の中小企業の社長とお話ししていて、一般的にいう「経営方針」はあっても、人を育てるビジョンや方針がない、あっても明確ではないという企業にしばしば出会いました。

数年前に製造業の経営者に社員の育成方針を伺う機会があったのですが、「当社はモノづくりの会社なので、コストダウンし、品質を高め、納期を守り、お客さんに良い製品を提供できればいいと考えています。そのような仕事ができるような社員が育ってくればいいのです」とお話しされていました。

私がもう少し具体的に「社長、具体的にどのような人に育ってほしいのですか」と聞くと、「それはうちの工場長に任せています」と言われ、それ以上は聞くことができませんでした。任せるのは結構ですが、本当にそれでいいのでしょうか。

社長自ら、中長期的に社員にどうなってほしいのか、どう育ってほしいのかを全社員に明示しなければ、社員一人ひとりが仕事でどう頑張るかの方向も見えません。育成ビジョンがない企業ほど、「今以上に努力して、結果を出してください」と根性論的に社員にゲキを飛ばしています。

中小企業は、売上、利益を上げることに社長が奔走し、社員には月給、賞与を支払い、必要な諸々の経費を支払い、会社経営を存続しなければなりません。そのために、売上、利益を年々上げなくてはなりません。それは当然のことで、経営者の責任です。

しかし、それだけでは目先の売上、利益は確保できたとしても、将来にわたって安定的な収益を上げ、会社を成長させることは困難だろうと私は考えます。

また、売上、利益を懸命に確保し、社員の育成を後回しにした結果、これから戦力になる若手社員や新入社員が入社後2~3年の早期で退職したり、管理職に任命した途端に、「無理です。辞退させてください」と、社長の意に反した残念な言葉をしばしば耳にします。大変残念なことです。

希望を胸に入社してきた社員がさまざまな理由から離職することも残念ですが、これまでかけてきたさまざまな経費を回収することもできなくなり、経営者として描いていたビジョンが遠ざかることは明白です。


ここで考えていただきたいのは、会社、つまり社長が社員をどう捉えているかです。目の前の仕事だけをやりくりしてくれる社員（「使うだけ社員」）と考えているのか、将来

に向かって一緒に会社を作り上げようとする社員（「活用する社員」）と考えているか、という2つの捉え方があるのです。

「使うだけ社員」という捉え方であれば、社員を成長させる仕組みは必要ないでしょう。会社を運営するための必要最低限のルールや規定があれば十分です。

一方、「活用する社員」にしていくのであれば、将来の幹部社員を育てたいという社長の強い想いが反映された仕組みが必要なのです。仕組みが思うように作れないという現実はあると思います。この仕組みに関しては、後述しましょう（第3章参照）。

❷ 中小企業にはそもそも人が育つ仕組みがない？

よく経営者との会話で出てくる話題は、

社長「大竹さん、なかなか思いどおりには社員は育たないですよね」

大竹「はい、人材育成は時間がかかりますから」

社長「もっと自分の役割を理解して、動いてほしいのですが……」

大竹「そうですよね。ところで社長、今まではどんな教育をされたのですか」

社長「なかなかできません。どうしても忙しくなってしまうと、仕事を優先してしまうので、時間のあるときにしかできません」

大竹「そうすると教育をする時間がかなり限られますね。ここ数年はどれくらいやられていますか」

社長「ここ数年は仕事が忙しく、実は教育どころではなかったのです。もちろん、現場の管理職には、朝礼や会議で教育をやってほしいとは言っていますが、彼らに任せきりです」

この会話は多くの中小企業の実態を物語っています。

「人が育っていないのではなく、育ててこなかった」ということに気づいてほしいのです。余程のことがない限り、社員は普通、何も与えずに、成長することは稀です。時間とお金をかけて、いろいろな視点で学ばせる環境を作ってあげることで、初めて動き始めます。そこで人を育てる仕組みが必要となります。

こうした中で、ある仕組みを作って長期間教育を実施し、効果の高い結果を出している会社があります。東海地区にある従業員80名ほどの製造業N社です。

N社の社長は、「社員の育成は社長の責任である」と宣言し、いろいろな教育を実践されています。

まず、朝礼です。若手社員が中心となって、昨日の仕事の成果、今日の注意点を話し、最後に仕事で気づいたことを1分間スピーチしています。製造業ですから、改善提案制度を導入しています。しかし、10年ほど前に始めたころはまったく浸透せず、改善提案はほとんどゼロでした。

社長は幹部社員と相談して、優秀者には報奨金を支給しました。さらに人事評価にも提案件数を入れ、ヤル気を上げる努力をしてきました。これからは、若手中堅社員が会社を引っ張っていくことが成長のカギになるということで、当社に社員教育の依頼をされ、階層別の教育を3年間、毎月1回土曜日に管理職研修会を実施しました。

そして今では若手の班長クラスが講師として、毎月継続して研修を実施して、若手の中堅社員が部下、後輩を順番に教育する仕組みが出来上がりつつあります。

N社の社長は「3年前と比べて、中堅社員がいろいろな場面で提案、改善している状況を見て、本当に教育の仕組みを作ってよかったと思います。そして教育は続けることが一番重要ですね」と満面の笑みを浮かべていたのは今でも忘れません。

❸ 人を育ててこなかったことによる中小企業のさまざまな弊害

多くの中小企業では、人を育ててこなかったことで、次のようなさまざまな弊害が発生しています。

①社長の想いを実現してくれる管理職がいない
②若手社員の上昇志向の低下
③ルールを決めても守らない問題社員が会社を蝕む
④番頭、古参社員がやる気のある社員をダメにする
⑤社長方針が末端にまで伝わらない

(1) 社長の想いを実現してくれる管理職がいない

このことは、社長のストレスの原因になります。社長が何から何まで指示をしないといけなくなると、大変です。実際に、社員へのクレームに対して、社長自ら得意先に走り、謝罪からクレーム対応を行い、事後対応を事細かく社員に指示しているというケースもしばしば耳にします。

そうなると、却って社員は自分の仕事しかしなくなります。一見、組織運用はうまく回っているように見えますが、社員一人ひとりの成長は期待できませんので、会社の成長にも限界が見えてきます。

もう一つ重要なことは、人は歳をとります。体力も思考能力も衰えていきます。社長にも同じことがいえます。「いや、俺は大丈夫だよ」と反発する社長もいるかと思いますが、もしも病気や事故で経営の存続が危ぶまれるようなことがあれば、社員も路頭に迷うことになりかねません。

ですから、社長の想いを実現してくれる管理職が必ず必要になります。彼らがいることで、社長の仕事を受け継いで、部下にも指導、教育ができるようになれば、社長は安心して社長業に集中できます。

⑵ 若手社員の上昇志向の低下

今まで1000人近くの中小企業の若手社員と面談をして、上の役職に就きたい、つまり昇進を希望する社員が少なくなったことを実感しています。

若手社員に、「あなたは今後、上のポストや役職に就きたいと思いますか」と聞くと、本人から「特にありません。現状のままでいいと思います」という回答が非常に多かったのです。

これを裏付ける興味深いアンケート調査があります。リクルートマネジメントソリューションズが行った調査によると、2010年の時点で若手社員に「あなたは管理職になりたいですか」という質問に「なりたい＋どちらかといえばなりたい」が56％を占めていたのに対して、2013年の時点では、45％に減少しています。

さらに管理職になりたい理由を上位3つまで選ぶというアンケートでは、

1つめの「自分が成長できるから」は2010年では52％あったものが、2013年では46％に減少。

2つめの「多くの報酬がもらえるから」という理由は、2010年では46％、2013年では40％に減少。

そして3つめの「責任範囲や扱う金額の大きな仕事にチャレンジすることができるから」という理由は、2010年の40％が、2013年には33％に減少。

このアンケート調査を見る限りでは、若手社員は、上のポストや役職に就きたいという昇進意欲が希薄な傾向にあるといえます。

この原因を一言でいうと、「管理職の魅力が薄くなってきた」ということなのでしょう。

日々の仕事でいつも苦労ばかりしている、社長から叱られ辛そうに見える、元気もなくなってきた、という管理職の様子を間近で見ています。それらが、上の役職に就きたいという若手社員のモチベーションを下げているのではないでしょうか。

(3) ルールを決めても守らない問題社員が会社を蝕む

最近、いわゆる〝問題社員〟の横暴な言動によって、会社や組織が振り回されて、その対策に苦労している会社もよく聞きます。

数年前にある広告代理店で、いつも会社に不満をもって反抗的だった中堅管理職が、後輩社員数人を巻き込み、自分たちで新たに会社を起こし、会社の得意先を平気で奪い、事業を立ち上げたということがありました。

そのことを社長に聞くと「もっと早くから彼を呼びつけて、厳しく指導をするべきでした。今となっては後悔しかありません」と大変な落胆ぶりでした。こうしたことは他の会社でもしばしば耳にします。どうしても、厳しく指導をすると辞めてしまいかねないと躊躇しがちです。

特に、人手が足りないときに辞められてしまっては、仕事が回らなくなるという心情が強く働き、叱るという行為にブレーキをかけてしまいがちです。

(4) 番頭、古参社員がやる気のある社員をダメにする

これは、二代目社長が事業承継をされて、先代の社長の代から勤務している番頭、古参社員が、やる気のある若手社員の足を引っ張るという問題です。

先代の社長が可愛がってきた古参社員が、二代目社長に切り替わるときによく聞かれるのは、二代目社長の新しい経営スタイルを高みの見物とばかりに、協力しないというものです。

これは、二代目社長が本当にうまく経営の舵取りができるかどうかを観察しているようにも見えます。また、「人は現状を変えたくない」という心理的な抵抗もあります。

そして、二代目社長がいろいろ新しいことを自分たちに進言し、協力を求めてくることがうっとうしいと思っているのです。あげくの果てに、若手社員に「今は、いろいろ改革をやろうとしているが、どうせ音を上げて途中で諦めるから、君たちも聞こえない振りをしておいたほうが身のためだぞ」とやる気を削ぐような言葉を平気で連呼してきます。

これでは、二代目社長の経営改革も道半ばに終わり、これから伸びていくやる気のある社員の成長が阻害されることは間違いありません。

⑸ 社長方針が末端にまで伝わらない

人を育ててこなかったことで、最後にこの問題にぶつかります。社長が寸暇を惜しんで懸命に策定した経営方針が、末端の社員に伝わらないのです。

もっと残念なことに、管理職にさえ伝わらないのです。これでは正直、社長の胸の内は穏やかではありません。「どうして俺が作った経営方針を管理職が理解してくれないのか。会議で何度も話したのに、それでも実行しないのはなぜだ。しかも、自分の部下にも伝えていないようだ」と、やりきれない想いが社長の心の中でぐるぐる回っているようです。

やはり、社長の想いを理解してくれるには、それ相応の時間と苦労を割いて本人らに繰り返し教育をしていかないと難しいと判断します。

以上、会社が人を育ててこなかったことで起こりうる5つの問題点を説明しました。皆さんの会社ではどうでしょうか。

このままの状態を放置しておけば、中小企業は厳しい経営環境に勝ち残っていけません。人を育てる重要性は頭ではわかっていても、いざやろうと思うと、どこから手をつければいいのか、今さらやっても効果はないのでは、という不安と諦めが生じ、結果的には社員教育をやらない、継続しないという負の連鎖に歯止めがきかない状況になりがちです。

❹ ドンブリ人事の横行で真の管理職が育たない

「ドンブリ勘定」という言葉は、よく聞かれると思いますが、「ドンブリ人事」という言葉があります。簡単にいいますと、特にルールも決まりもなく、社長が独断と偏見で人事を決めてしまうということです。

実際の指導先でも、社長の口からよく聞かされたのは、実力がないのに仕方なく管理職に登用していたという実態でした。そろそろ年齢がきたからとか、結婚して子どもにもお金がかかるから、課長になってバリバリ頑張ってもらいたいという気持ちで社長が決めてしまうことです。

しかしその結果、管理職に登用してうまくいったケースを私は多くは聞いてません。もちろん、社長の経験と勘が当たって、その人が組織でうまく機能していることも稀にあるかもしれません。

しかし、こんな重要な人事を社長の経験と勘ですませてしまうほうが危険だと思いませんか。実際に、会社ではどんな問題が生じているかを申し上げましょう。

たとえば、部下は、「どうして、あの係長が課長に昇進したのかわからないです」「あの人のもとで働くと部下が辞めてしまうということを聞いたんだけど、自分もその課長とは一緒には仕事をしたくない」などと思っているわけです。

一方、本人（管理職）の言葉を借りると、「俺は課長だ。やっと課長になったんだ。まあ、仕事は適当に部下に任せて、早く帰ろう」。反対に「どうして俺が課長になったのかわからないよ。まあ今までどおりに仕事をやっていこう。決めた会社が悪いんだから」というように、社長が聞いたら怒り心頭に発するかもしれません。

どちらにしても、課長という職務に全力で立ち向かう姿勢が希薄であることは間違いありません。

意識の低い管理職がいる組織では、「今と将来の部下が育たない」という可能性があります。これは、会社としても見過ごせません。理想は管理職が部下を育て、その部下が昇進する、今の管理職がさらにその上に昇進していく、こうした組織の好循環が進むほど、会社は順調に成長していきます。

しかし、ドンブリ人事をやっている限り、なかなか組織の成長、一人ひとりの成長は望めません。そうはいうものの、多くの中小企業の社長からは「そもそもうちの会社には優秀な人材なんかいないから、仕方ないんだよ」と反発されそうです。

⑤ 人事評価の仕組みがそもそもない、あっても曖昧

もう一つ、なぜ中小企業は人が育ちにくいのかという問いに答えるならば、会社に人事評価という仕組みがない、あっても仕組みが曖昧だということではないでしょうか。

人事評価というと、給与や賞与を決めるだけのものと考えている社長も多いと思います。しかし、実は評価というのは、教育そのものだと私は思っています。

評価結果について、上司が部下に対してフィードバックをする中で、良い点と改善点を示し、その後に本人が上司の支援を受けながら改善していく、これはまさに教育そのものです。

企業において社員が人事評価にどのくらい満足しているか、NTTコムリサーチが2015年に20～50代の1000名以上にアンケート調査をした「人事評価に関する調査」があります。

人事評価への満足度については、「満足」と答えた人はわずか3・2%で、「どちらかというと満足」の19・7%を加えても23%で、「不満」「どちらかというと不満」の合計は33・7%でした。3人に1人は「不満」と回答しているのです。

不満な理由（複数回答）では、「評価基準が不明確」が67％で、以下「自分が考える評価より低い」42・5％、「恣意的で不公平」41・7％、「評価結果に昇給が伴わない」が32・7％、「評価結果に昇格・昇進が伴わない」が23・1％と続いています。

また、評価のフィードバックに関して、フィードバックの実施の有無によって、評価に対する満足度が異なります。フィードバックされている人では33・2％が満足、されていない人は10・6％と低い満足度になっています。

以上の調査結果から見えてくることは、①明確な評価基準、②公平で客観的な評価、③評価結果のフィードバックが求められている、④評価結果に基づく処遇への的確な反映ということです。

特に、評価結果のフィードバックによって、「何ができて、何を改善すべきか」ということを、上司と部下の間でしっかりと確認し合い、継続的に支援していくという人材育成の考えをもって進めることが必要と考えます。

今後は、人を育てるための中小企業らしい仕組みづくりが必要になります。言い換えると、「今いる社員が会社の発展とともに成長できる仕組みづくりが必要である」ということです。

10年後、うちの組織は勝てるか――10年後の組織ビジョンを描こう

人間は毎年必ず歳をとります。そして、あなたの会社が人で成り立っている以上、将来の組織図を描く必要があります。

「10年後の組織なんてわかるわけがない」といわれそうですが、実は良い方法があります。

現在の社員さんの年齢を組織図に書き込んでください。そして、その隣に10年後の年齢を色を変えて書きます。定年の年齢変更があるかもしれませんが、10年後に組織全体としてどの部門に何名の人が足りないのか（多いか）、まったくいないのかがわかります。つまり、「組織の空洞化」がわかるのです。

また10年後の社員が順調にいって部門長、管理職として機能するかという重要な課題があぶり出されます。もちろん、10年後の本人の力量は推測できませんが、今の力で10年後もいけるかどうかの推測です。つまり、組織人員の不足数と、現時点での管理職としての力量を把握するという、２つの大きな課題が見えてきます。

組織人員の不足数に関しては、本当にその人数が必要なのか、正社員でなく、派遣社員、契約社員、パート社員、外国人労働者で補えるかどうかです。そのためには、長期ビジョンのもとで、どのような採用戦略でいくのかを社内で議論することが必要です。

管理職としての力量の把握に関しては、10年後にどこまで育つかという視点があります。中小企業では「人が育たない」というよりも「人を育てていない」ケースが多く、役職の兼任が多いのです。そうすると、今の役職者が退職すると、後任がいないため、その部門が機能しなくなる事態に陥るリスクがあります。

まだ数年先のことだからと後回しにしていると、組織運営が回らなくなるという非常事態に陥る可能性が強いのです。

繰り返しますが、10年は長いようで、意外と早く過ぎてしまいます。したがって、今から計画的に管理職の教育準備をしておく必要があります。人を育てるにもそれ相応の時間がかかるのです。

第3章

今いる社員で成果を上げる「社員成長支援制度」とは

❶ 社長の想いなくして制度はできない

社長が相談に来られる際に、私が必ず最初に質問することがあります。それは、「今回、なぜ、この制度を作られたいのですか」ということです。

そのときのお返事はさまざまで、「知り合いの会社がやっているから、うちもそろそろ……」「社員が思うように動かないので、この仕組みを作って社員の尻をたたきたいのです」「できない社員を叱るために」と言われる方もいます。

耳を疑うような答えに対し、まず私はこの「人を育てる仕組み」に対して、きちんと目的や考え方のお話をさせていただきます。

そこで社長自らがこれに理解を示し、この仕組みを作りたいという会社は、その後継続して支援させていただきます。

ここで間違えてはいけないのは、この「人を育てる仕組み」は、単に人を評価するものではなく、また社員を叱って給料を下げる道具でもありません。私は人を育てる仕組みを「社員成長支援制度」と呼んでいますが、社長が心底、自社の社員を成長させたいと思わないと、この制度は長続きしません。つまり社長の想いなくして制度はできません。

図表３－１　社員成長支援制度の目的

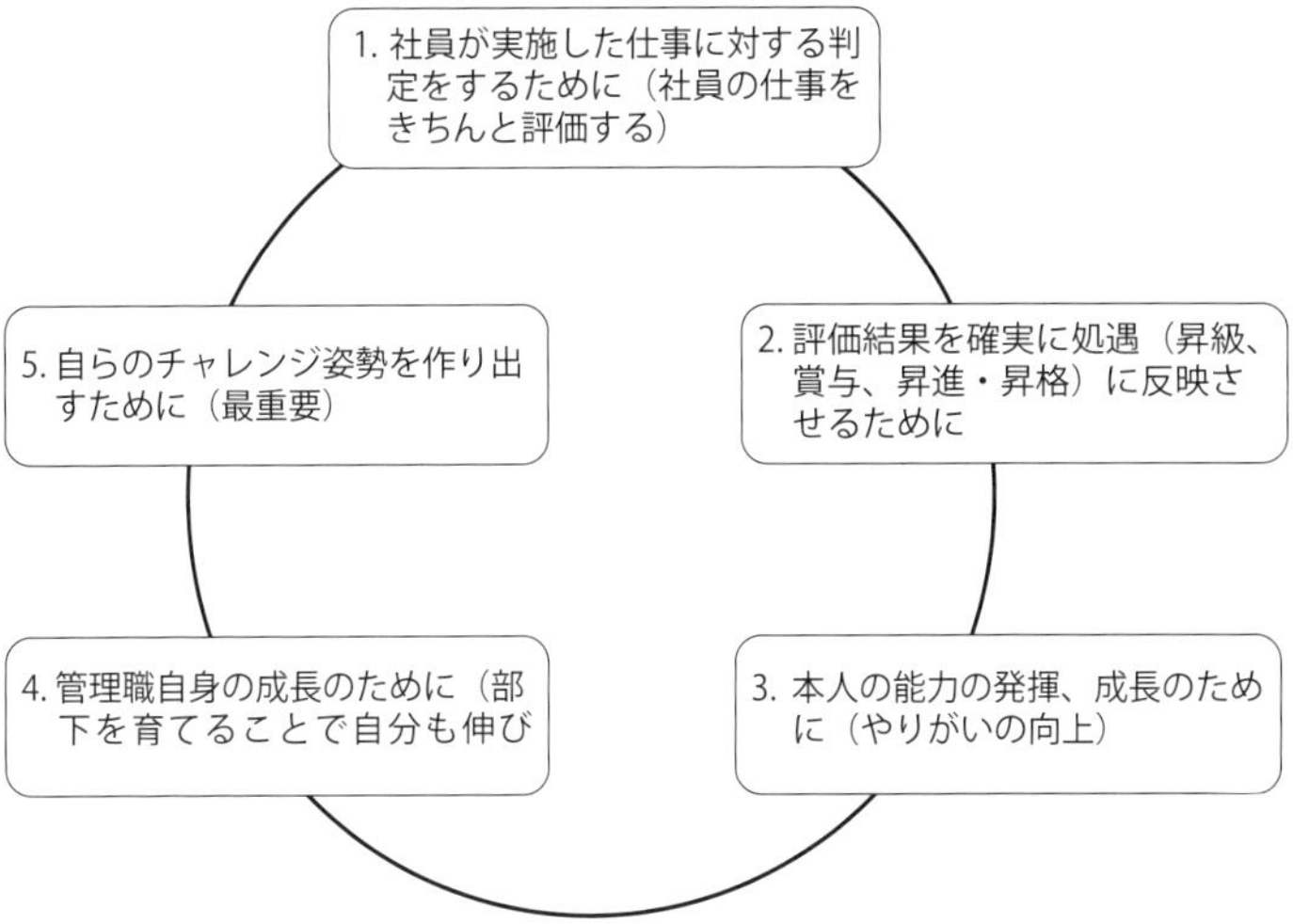
1. 社員が実施した仕事に対する判定をするために（社員の仕事をきちんと評価する）
2. 評価結果を確実に処遇（昇級、賞与、昇進・昇格）に反映させるために
3. 本人の能力の発揮、成長のために（やりがいの向上）
4. 管理職自身の成長のために（部下を育てることで自分も伸び
5. 自らのチャレンジ姿勢を作り出すために（最重要）

どんな制度もそうですが、社長がその制度を本気で導入したいという強い信念がない限り、うまくいきません。特に人を対象とする人事制度は、この考え方がないと途中で運用が空回りしてしまうことが多いのです。

❷ 社員成長支援制度の目的

社員成長支援制度とは、一言でいうと社員一人ひとりの成長を、①今できていないことができるようになる、②今できることがさらにできるようになる、という２つの視点から作られるものです。

いくら上司が部下に対して「これをやってほしい」「ここまでもっと頑張ってくれ」

と言っても、言っただけではなかなか人は変わりません。その上司の言葉も、その日の調子によって変わるかもしれません。他の上司もそれぞれ指導方法が異なります。

その結果は、上司の力量に左右されることになります。こうした欠点を克服するために、会社全体で確実に社員の成長を後押しするための制度が必要になるのです。

一般に、人事評価という制度がありますが、単に社員を評価して賃金に結びつけることが大きな目的になっているのが現実です。しかし、私が目指しているのは、社員一人ひとりの成長をゴールとして仕組化することです。

では、社員成長支援制度の目的について、5つの視点で述べてみましょう（図表3－1）。

(1) 社員が実施した仕事に対する判定をするために（仕事をきちんと評価する）

社員が職場においてチャレンジする状況を作り出すために、まずは自分がやったことに対する評価を会社あるいは上司がきちんと行うことです。

場合によっては、本人に耳の痛いことも言わなくてはなりません。もちろん、できたことに対しては評価し、称賛することが必要です。

(2) 評価結果を確実に処遇（昇給、賞与、昇進・昇格）に反映させるために

評価を最終的に昇給、賞与、昇進・昇格に結びつけます。これがないと、単に評価をして終わりになってしまいます。さらなる動機付けができません。ここが曖昧であると社員の不満の温床になりかねません。

(3) 本人の能力の発揮、成長のために（やりがいの向上）

本人がチャレンジをしてその過程の中で成長を実感し、目標達成することによってさらに高い目標を設定していく、この成長サイクルを満たすことがポイントとなります。

(4) 管理職自身の成長のために（部下を育てることで自分も伸びる）

毎日の部下への指導や成長支援面談をすることによって、その部下の目標が達成されることで、管理職自身の指導力アップや役割達成が実現されます。

(5) 自らのチャレンジ姿勢を作り出すために（最重要）

こうした仕組みの中で、自分がさらに上のステージを目指し、チャレンジしようという姿勢が醸成されてきます。現在の経営環境の厳しい中で、このチャレンジ姿勢は社員が身

につけるべき大変重要なマインドだと感じています。

❸ 社員成長支援制度の体系

社員成長支援制度は、全部で5つの仕組みから成り立ちます（図表3－2）。

(1) 人財役割責任等級基準

第1章でお話ししましたが、能力主義のもとで、職能要件書といった必要な能力や技術、技能を等級ごとにランク分けし、評価や賃金に結びつける制度を運用している企業がまだ少なくありません。

しかし、現在の企業を取り巻く環境下では、能力や技術、技能は新たな技術革新で次から次へと変化していきます。最近のＡＩ（人工知能）というのもしかりです。

ですから、この職能要件書を作成した時点で過去のものになり、陳腐化していきます。

企業の成長には不可欠ですが、それよりも必要なことは、企業内に人を育てられる人、つまり核になる社員を作ることが先決です。したがって、そのような将来を担う人材を育成するには、それにふさわしい役割、責任をもってもらうことが重要です。

図表3－2　社員成長支援制度の体系図

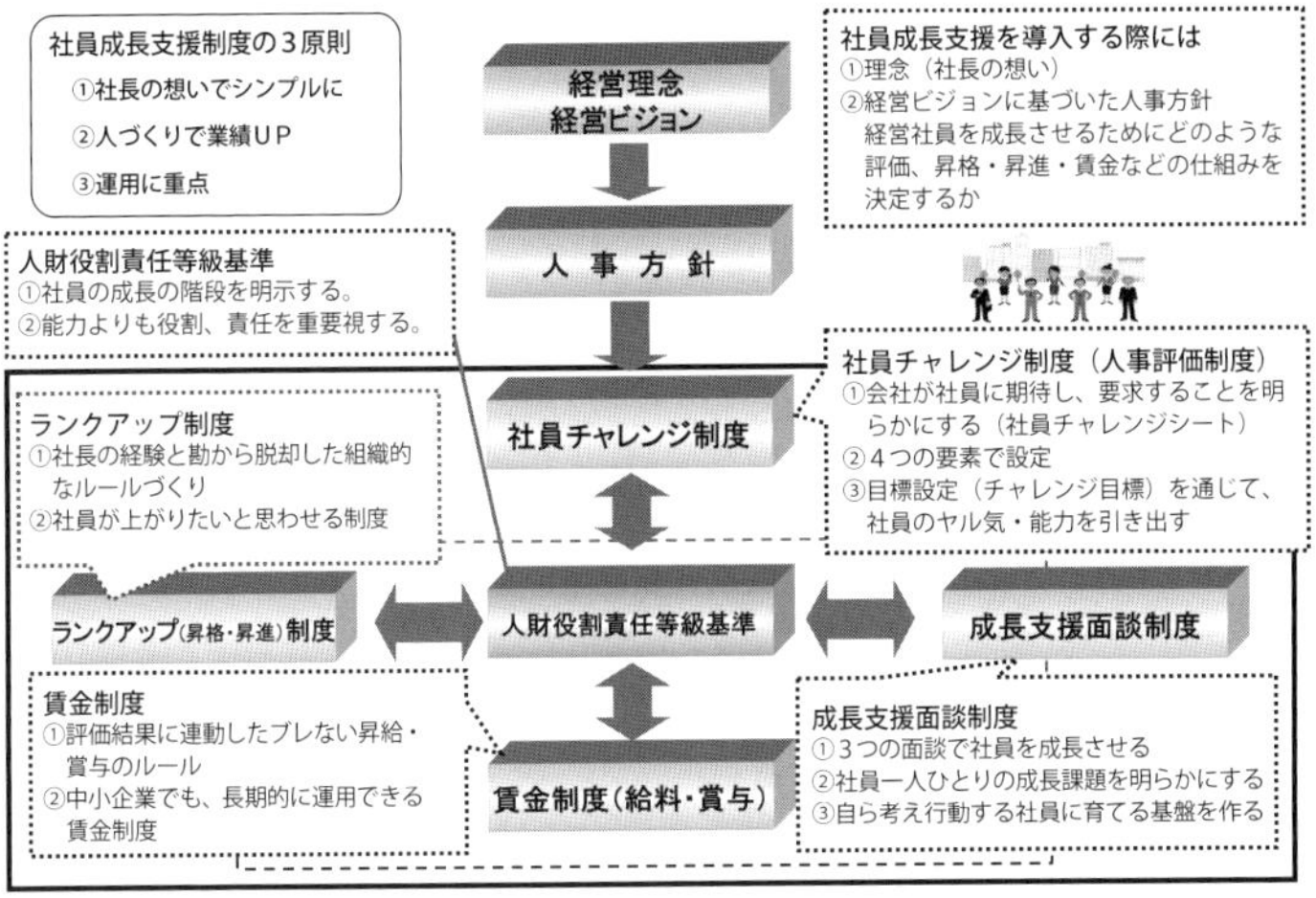

社員一人ひとりが役割や責任を自覚し、行動すれば、その後に自ずと技術、技能、知識は習得されてきます。そのような理由から、私は「役割」と「責任」の2つの基準を社員の成長の軸としています。

特に中小企業の場合は、この先人事制度の中に「役割責任主義」という考え方を取り入れることが非常に重要です。

この人財（本来は「人材」と書きますが、「会社の経営資源を使って付加価値を生み出す人」という意味で、ここでは「人財」としています）役割責任等級基準は、社員の「成長の階段」ごとに、会社として期待し、要求している役割、責任を明確にします。つまり、新入社員が入社し、仕事を通じ、成長する階段について等級ごとにそれぞれの役割・責任の違いを明らかにしていきます。詳細は、第4章で詳しくご説明します。

(2) 社員チャレンジ制度

この制度は、通常の人事評価とは違って、会社や組織での役割責任において、管理職や一般社員などの階層の違いによって、社員にチャレンジしてほしいことを社員チャレンジシートとして仕組化したものです。体系としては、役割成果、重点プロセス業務、チャレンジ目標、取り組み姿勢の4つからなります。詳細は、第4章でご説明します。

この4つの評価体系は、有機的につながっています。役割成果を達成するために、どのような重点プロセス業務を行えばよいのか、さらに役割成果、重点プロセス業務を達成するには、チャレンジ目標をどう設定するべきか、そして、以上の3項目をさらに向上するには、どのような取り組み姿勢で毎日の仕事の中で具体的に行動すべきか、という流れになります。

さらに、これらを評価だけに終わらせません。チャレンジ目標の設定を通じて、社員のやる気を喚起して、その目標達成の過程で成長を実感し、評価することで社員のモチベーションを最大限に上げることができます。このチャレンジ目標は一人ひとり異なります。社員が50名いたら、50通りの目標となります。このチャレンジ目標を描けるかどうかが、本人のキャリアアップにつながるかどうかの大切な視点となります。

(3) ランクアップ制度（昇格・昇進制度）

第2章でも説明しましたが、等級や役職が上がるルールです。それを組織的に決定していきます。

社長の経験と勘で決定するような〝鶴の一声〟ではなく、組織での一定のルールを作成し、決定していきます。

人財役割責任等級基準での達成度、社員チャレンジシートの評価結果、上司の推薦、レポート、必要な資格などを企業の必要性に照らし合わせて作成します。

これによって、昇格・昇進への不満がなくなり、若手社員の上昇志向も期待できます。

(4) 成長支援面談（制度）

成長支援面談とは、社員一人ひとりに光を当てて、やる気と能力を最大限に引き出すための面談です。社員チャレンジ制度（人事評価制度）がうまく運用できるか失敗するかは、この成長支援面談を導入してＰＤＣＡ（Plan Do Check Action）を着実に回していけるかが鍵となります。

人事評価シートは、言ってしまえば〝単なる紙切れ〟です。

評価を本当に納得のあるものにするには、部下と面談をして確認する必要があります。もちろん確認だけではなく、今までの仕事の反省や次期へ向けてどんなことを期待しているか、やってほしいのかを本人の意思を聞きながら面談を進めていくことです。そうして初めて本当の意味での〝血の通った面談〟ができます。これが現在、私のクライアントに実施している〝成長支援面談〟です。

社員チャレンジシートにある評価項目に基づき、管理職が部下を評価し、さらに部下が成長できるような、あるいは成長したいと思うようなチャレンジ目標を設定し、上司の支援を受けながら、部下がその目標を達成していきます。そのときに要となる制度が成長支援面談です。

(5) 賃金制度

評価結果を昇給、賞与、諸手当などに反映させる仕組みのことをいいます。社員が設定した目標を評価し、その結果を昇給、賞与に結びつけることがとても重要です。

つまり、社員が頑張った結果を昇給や賞与に結びつけることで、社員の納得感が増し、

「よしっ、もっと頑張ろう」と一人ひとりのやる気につながります。また何歳になったら年収がいくらになるといった「社員のモデル賃金」を作ることで、社員自身が自分の人生設計（ライフプラン）を作る手助けができます。

社員が少し遠くの未来を描くことができれば、仕事へのやりがいや定着率は間違いなくアップします。

以上が社員成長支援制度の概要です。社員一人ひとりがどのように成長し、会社に貢献できるか、それを実現する仕組みがこの社員成長支援制度になります。**その制度づくりで大事なことは、すべての仕組みが相互につながっているということです。**よくあるのが等級制度は等級制度、評価は評価、賃金は賃金、というようなバラバラな仕組みの状態です。

頑張ると評価や賃金はこうなる。そして、次の新しい等級ステージ（人財役割責任等級基準）にランクアップされる。このように社員がワクワクする、前のめりになるようなストーリーで、社員に語ってほしいのです。

評価項目の作り方の勘所

①いきなり評価項目のハードルを上げない

評価項目を検討する際に、いきなりハードルを高くすると実際の仕事に合致していないために失敗するケースがあります。会社としては社員のレベルを上げたい、もっと付加価値の高い仕事をしてほしいという狙いから、しばしば評価項目を現実の仕事より高く設定してしまうことがあります。

気持ちはわかりますが、実際にこの評価を導入してもほとんどの社員の評価が低くなり、モチベーションも下がります。

私がお勧めしているのは、まずは身の丈に合ったレベルから始めることです。最初は、①現状を少し良くするという改良・改善レベルで進める、そして数年間運用してうまくいったら、②次のステップにおける改革レベルに変えていく、という流れです。もちろん全部を変革レベルに変更するのは難しいので、その部門におけるキーとなる業務を対象に変更していけばよいでしょう。

②評価できる数値がない場合は

私がクライアントに評価項目を検討してくださいというと、「大竹さん、うちは評価できる数値がないんですよ。どうしたらいいでしょうか」などと返されることもしばしばあります。

現場でデータ取りをしていなかったり、昔はデータ取りをしていたが今はしていなかったりといった話をしばしば耳にします。

しかし、このときに「えいやっ」と大雑把に評価項目を設定することはお勧めしません。まずは必要な評価項目を決めた上で、期間を決めて実際の業務上でその数値を収集し始めるのです。数カ月、半年、1年と、その収集したデータを分析し、それが評価の標準レベルなのか検証してください。

そうすれば、自ずと社員が納得するような評価基準に近づいていきます。評価制度を作ることは、業務改善につながることだと覚えておいてください。

◆第3章 コラム◆

第4章

具体的な社員成長支援制度の構築方法

図表４－１　社員成長支援制度の構築のステップ

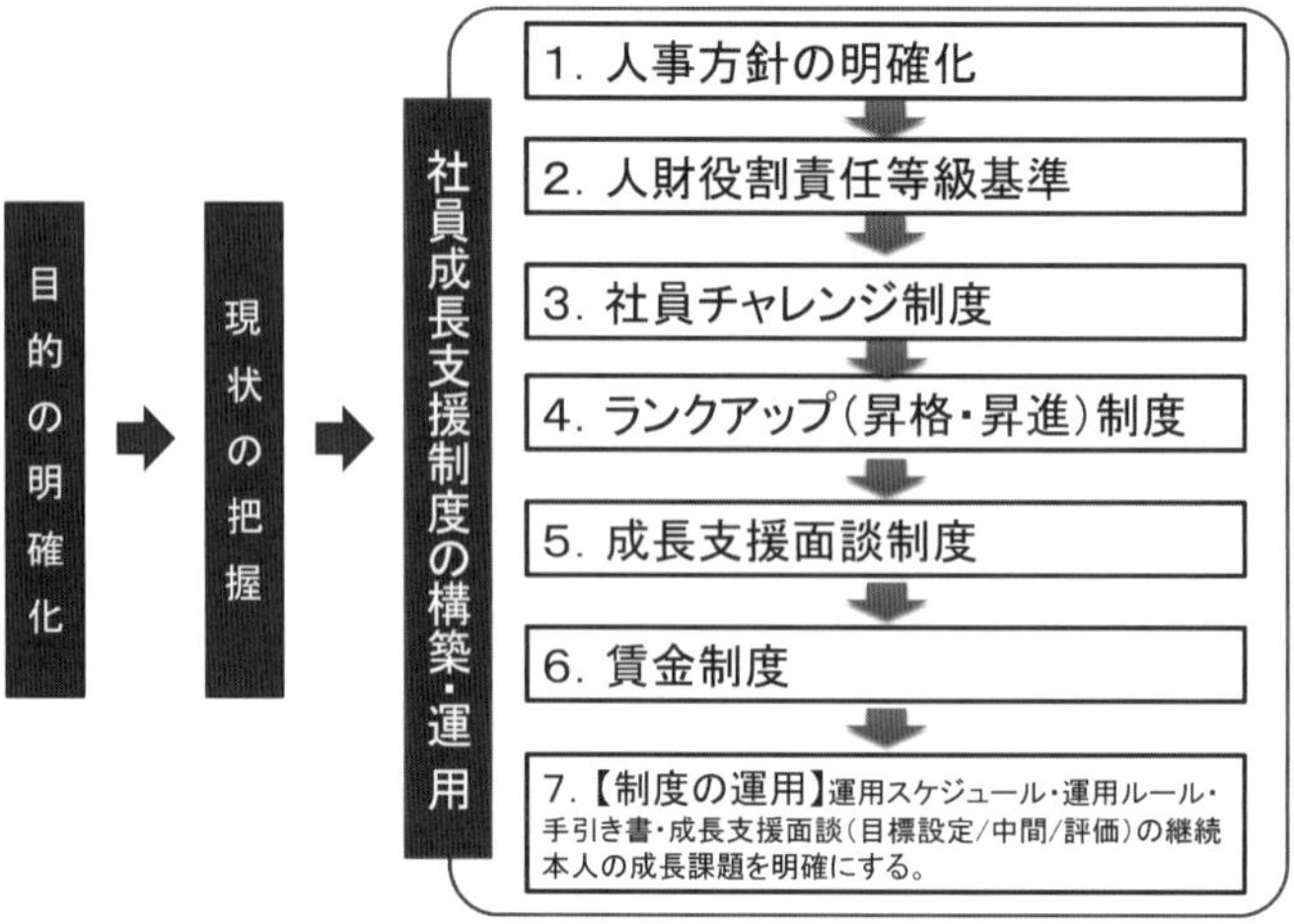

❶ 社員成長支援制度の構築のステップ

社員成長支援制度の構築のステップとして特に重要なのは、この制度の目的を明確にすることです。何のために行うのか、目標はどこに設定するかを会社として明らかにすることが必要です。その後の構築ステップは**図表４－１**をご参照ください。

❷ 制度を作る前にやるべきこと

社員成長支援制度は、いきなり作るのではなく、まず会社として、社長としての人事に関する考え、方針を示すことが必要です。

いわば人事方針づくりです。具体的にいうと、この社員成長支援制度を導入することによって、社員にどう変わってほしいのか、そのために採用、評価、昇格・昇進、教育、賃金などの仕組みをどのような形にすべきかの基本的な考えを明文化する必要があります。

実際の作成では、会社の経営ビジョン（経営計画）に基づいて、ブレークダウンして人事方針を決めていきます。そうすることで一貫性が増し、社員に制度の概要や狙いをわかりやすく伝えることができます。反対に、人事方針を作らずにいきなり細かい人事評価を社員に渡して、「今度から、この新しい評価表であなたたちを評価します」と言ったところで、社員は本来の目的を理解しようとはしません。

図表４－２に従って、順番に検討していきましょう。１の人事基本方針については、会社として、どんな人事制度を目指していきたいのかのビジョンです。それを一言で表してください。それを階層別に、部長・課長、リーダー（係長、主任）、一般社員といった順に整理してください。これが会社における必要な人材の要件となります。

２の各制度の基本方針については、採用に関しては、１で検討した基本方針を軸に階層別にどんな社員が何名必要で、いつまでに何名採用する必要があるかの要員計画を立案してください。

等級制度については、現在の会社のレベルに応じて等級数を決めてください。また、ど

□報酬制度（賃金体系、昇給、賞与、昇格昇進、その他のインセンティブ）

- 年収、月収、インセンティブ（やる気を喚起する仕掛け）等をどのように変えていきたいですか？

【社員のモデル賃金】についてどの程度が妥当だと思いますか？

年齢	月収（万円）	年収（万円）
22歳		
25歳		
30歳		
40歳		
50歳		
60歳以降		

□社員教育（制度）…社員成長支援制度の運用も含む

教育基本方針について

- 今後、どのような全社員共通の教育をしていきたいですか？

- 今後、どの階層にどんな教育をしていきたいですか？

- 具体的な項目についてはどのように考えますか？

例）専門的な技術・技能・知識、物事の考え方、物事に取り組む姿勢、マネジメント、コミュニケーション…

- 教育、研修後のフォロー体制はどうしていきますか？

※社員成長支援制度の運用も含め、方針を立てる。

例）管理職と一般社員の役割強化教育（リーダーシップ、目標設定力、目標達成力など）、成長支援面談の技法、考課者訓練、OJTの仕方など

図表４－２　社員成長支援制度の人事基本方針明確化シート

1. 人事基本方針について

□方向性…どんな人事制度（社員の成長支援制度）を目指していきたいですか？
一言で表すなら…

□階層別では、この制度を導入することで、どんな社員に変わってほしいですか？
会社に必要な人材像を明確にします。

※会社の実情によって階層は変えてください。

- 部長・課長は…

- リーダーは…

- 一般社員は…

2. 各制度の基本方針について

□採用方針

- いつまでにどんな人材を採用したいですか？

□等級制度（社員の成長の階段づくり）

- どこに主軸を置いて等級分けをしますか？　※何等級に分けるかを仮決定する。
例）業務の遂行能力、仕事の成果、果たすべき役割、負うべき責任…

□人事評価（制度）

- 社員のどんなところを見て評価していきたいですか？
例）年齢、勤続年数、仕事の量や質、仕事の成果や結果、役割・責任の発揮具合、仕事への取り組み姿勢（態度）、知識や技術・技能の活用度合（職種別に）…

んな役割や責任が必要なのかについても内容を検討してください（次ページの「人財役割責任等級基準」を参照）。人事評価については、階層別（管理職・中堅社員・一般社員）に、たとえば成果・必要な行動・取り組み姿勢などの項目でご検討ください（82ページの「社員チャレンジ制度」を参照）。

報酬に関しても同様です。特に社員のモデル賃金については、評価制度を構築した際に重要になってきますので、おおよそのモデル賃金額を月収（万円）、年収（万円）について検討してください。

社員教育は、人事制度の構築後の運用で必ず必要となります。今後の社員教育をどの階層に、どんな内容で、どのように定着させるか（フォロー体制も含める）を明らかにしてください。

以上の内容を人事基本方針として明文化し、新たに構築した社員成長支援制度の説明会の際に、これを全社員に発表をしていただきたいのです。

❸ 社員を成長させる階段を作る

「管理職が自分の役割をわかっていない」

図表4－3　人財役割責任等級基準の体系

社員の成長の階段（ステージ）を「役割」と「責任」で明確にしたもので社員成長支援制度の中心となる仕組み

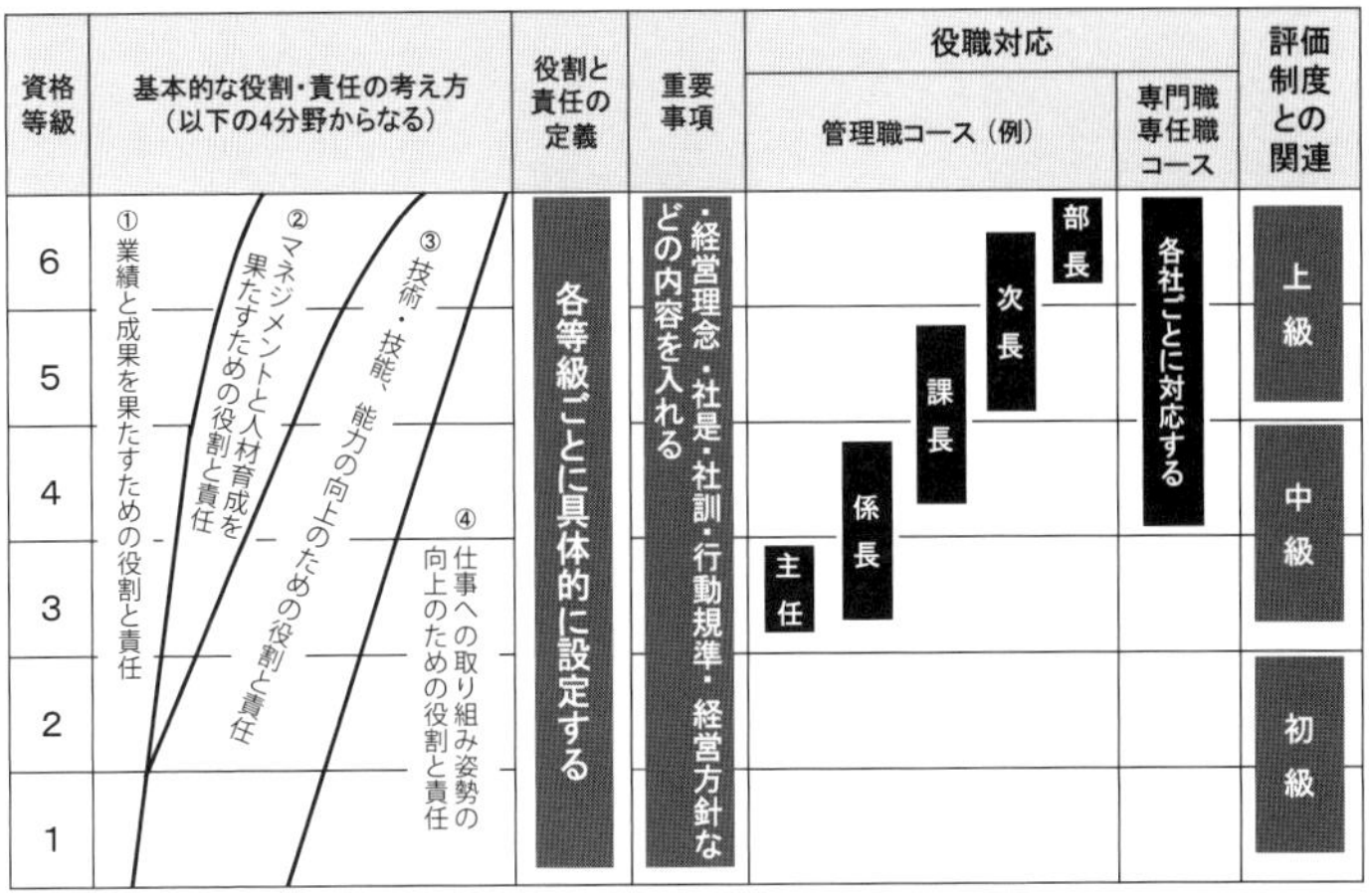

資格等級
基本的な役割・責任の考え方（以下の4分野からなる）
役割と責任の定義
重要事項
役職対応
管理職コース（例）
専門職 専任職 コース
評価制度との関連
6
5
4
3
2
1
①業績と成果を果たすための役割と責任
②マネジメントと人材育成を果たすための役割と責任
③技術・技能、能力の向上のための役割と責任
④仕事への取り組み姿勢の向上のための役割と責任
各等級ごとに具体的に設定する
・経営理念・社是・社訓・行動規準・経営方針などの内容を入れる
部長
次長
課長
係長
主任
各社ごとに対応する
上級
中級
初級

「自分の仕事が精一杯で部下の指導をしない」

「言われたことしかやらない社員が多い」

このような管理職、一般社員の役割の意識の低さを、社長から指摘されるケースが少なくありません。

社員の役割、責任を社員成長支援制度の中で具体的に示す仕組みがあります。第3章でも紹介した「人財役割責任等級基準」です。

これは、会社における成長のステージ（階段）を役割と責任という2つの軸で等級ごとにランク付けしたものです。社員の「成長の階段」ごとに、会社として期待し、要求している役割、責任を明確にします。新入社員をはじめとして、上位等級までに至る期間、仕事を通じ、成長する階段を等級ごとに役割・

責任の広さと深さで明らかにしていきます（図表4－3）。

(1) 人財役割責任等級基準の目的

人財役割責任等級基準の目的を述べると、次の4つになります。

① 社員の成長・育成の物差しとするため（能力開発）
② 昇格・昇進基準の要とするため
③ 人事評価に結びつけるため
④ 処遇（昇給・賞与・退職金）ルールと連動させるため

人財役割責任等級基準の導入の一番の目的は、今の会社で社員がこれからどのように成長してほしいのかのビジョン（期待する人物像）を明らかにすることです。

そうすることによって、社員は「今はこの仕事をやっているけど、これから数年後はこの目標に向かって、このあるべき姿に向かっていけばいいんだ。よし、頑張ろう」という気持ちがふつふつと沸くようになります。

その結果、本人の頑張りにより、毎回の人事評価の結果が改善され、上位の等級にも昇格することができます。もちろん昇給、賞与にも連動されます。

このような意味で、人財役割責任等級基準は、社員成長支援制度の要となる仕組みです。反対に、企業でよくあるのは、この基準の内容が曖昧で、他の仕組みとまったくつながっていないケースです。

(2) 役割・責任の考え方

今までの100社以上の個別指導をもとに、組織の成長における必要な役割と責任を整理しました。**図表4－3**「人財役割責任等級基準の体系」を参照してください。

①業績と成果を果たすための役割と責任
②マネジメントと人材育成を果たすための役割と責任
③技術・技能、能力の向上のための役割と責任
④仕事への取り組み姿勢の向上のための役割と責任

この4つの役割と責任が基本となりますが、注意する点としては、上位の等級に向かうほど、①と②の役割と責任のウエイトが高くなることです。それは、組織における階層の求めるべき役割分担の大きさによるものです。

上位等級（等級が高い）の社員は、当然、自部門の業績向上とマネジメント、人材育成

階層	等級	役割責任の定義	*1 分類	当社の具体的な役割責任の基準 *2	ch	対象職位	標準在級年数 歳	標準在級年数 年
初級（J）	1等級	指導による業務遂行ができる	①	上司の支援を受けながら一人前を目指している			18歳以上	6年以上
			③	基本的な業務知識、技術を学んでいる				
			③	清潔な身だしなみ、きちんとした言葉づかいなど、好感を得られている				
			④	元気な挨拶と返事がハキハキしている				
			④	素直に感謝の意を表し、ミスをしたら素直に謝ることができている				
			④	約束、期限、時間を守っている				
	2等級	支援を受けながらも、自分の判断を入れ、業務遂行ができる	①	会社のルール、約束、期限を守り、自主的に判断し行動できている		主任	24歳	4年
			②	一緒に考え、行動してOJTを実行している				
			③	担当の業務知識、技術は一通り理解している				
			③	任せられる専門性や特技や資格等を1つはもっている				
			④	チームメンバーと協調し、他者に積極的に協力ができている				
			④	自分の与えられた仕事に責任をもち、最後まで取り組み続けられている				
中級（M）	3等級	担当業務の遂行ができ、後輩の指導もできる	①	任せられている担当分野の計画数値達成に責任をもった行動をしている		主任／係長	28歳	4年
			②	定例業務の長として、自ら課題を発見し、後輩に改善指導をしている				
			②	メンバーと一緒に仕事に取り組み、OJTをしている				
			③	新しい発想やアイデアを積極的に受入れ、改善をしている				
			③	情報の収集・分析・処理ができている				
			④	チームで仕事をするとき、自分がどのような役割・責任を果たすべきかを理解している				
	4等級	部下、後輩の指導を行いながら、チーム（係）の目標達成ができる	①	チームの数値計画を部下と相談し、実践を通してメンバーの指導をしている		係長	32歳	6年
			①	目標達成のための情報収集と分析ができている				
			②	チームの目標達成のために、メンバーに目的、意味を伝え、モチベーションを高めている				
			②	5ゲン（原理・原則・現場・現物・現実）を把握して改善・改革をしている				

図表４－４　人財役割責任等級基準　製造業Ｈ社事例

			②	自ら積極的に報・連・相を行いながら、部下を指導している						
			③	全面的に信頼できる事柄をもっている						
			④	目的達成のために、他人に働きかけ、巻き込んでいる						
上級（S）	5等級	課の目標達成と、部下の育成ができる	①	担当部署の目標数値の達成に向けたPDCAを部下と共に回している		課長	次長	工場長・所長	38歳	6年
			①	全社的な視野をもち、他部門を動かし、目標達成している						
			②	仕事への厳しさと、思いやりのある行動を臨機応変で使い分けている						
			②	後進の指導と育成を着実に行っている						
			②	人事評価を活用して、部下の成長課題を明らかにしている						
			③	管理職としての強い信念をもち、信頼される専門性をもっている						
			④	既存の発想にとらわれず、課題に対して新しい解決方法を考えている						
	6等級	社長の想いの実現のために、部門の業績達成と後継者を育てられる	①	部門資源（人・モノ・金・風土等）を常に見直し、改革しながら成果を出している		部長			44歳	—
			①	会社のビジョンを具現化するために、戦略的発想をしている						
			①	中期戦略の具体的な展開（短期的な展開戦術）を進めている						
			②	自分の後継者を数人育てている						
			②	成長支援面談を通じて、部下の自発的な行動を引き出している						
			③	部門トップとして周りが認める実績や分野をもち、常に謙虚でいる						
			④	組織を動かせる人望、人徳が備わっている						

※1…図表4-3「人財役割責任等級基準」の基本的な役割・責任の考えの1~4を示している。　※2…昇格のときにチェックをする。できていれば○、できていなければ×を付ける。

◎ 職位（役職）の定義

主　任	上司を補佐して、主に定例業務を判断しながら仕事を進め、部下や後輩の指導もする指導職
係　長	上司を補佐して、定例業務以外も監督する監督職。部下や後輩の成長支援（目標達成のPDCA援助）も必須
課　長	自部署（課）の目標・展開計画を策定し、部下育成・職場環境整備をしながら全般を管理する管理職
工場長・所長	自部署（工場・拠点）の目標・展開計画を策定し、部下育成・職場環境整備をしながら全般を管理する管理職
次　長	部長を補佐して、部門目標と戦略を策定し、戦術（展開計画）を練って 部下と共に実行・管理をする管理職
部　長	経営層と共に全社目標・戦略を策定して部門目標・戦略に落し込み、その展開を 統括管理する管理職

が大きな役割と責任となります。

反対に、下位の等級に向かうほど、③と④の技能、能力の向上と取り組み姿勢を向上させる役割と責任のウエイトが高くなってきます。下位の等級の社員は、仕事の基本を忠実に行う役割と責任が必要なわけです。

(3) 人財役割責任等級基準の作り方のステップ

次に、実際の人財役割責任等級基準の作り方のステップを説明しましょう。

①「人事基本方針」（**図表4－2**を参照）を準備する。

②「人事基本方針」と自社の経営理念、社是、社訓、行動基準、経営方針といった経営の基本情報を見ながら、どんな社員になってほしいのか（役割と責任を意識する）を検討する（**図表4－3**を参照）。

③それらを役割、責任という軸で、まずは幹部、中堅、一般社員の3つのランクで区分して、たたき台を作る。

④③で作成した3つの区分を今度は等級という区分で細分化する（社員数50人未満は5～6等級、50～100人は7～9等級、101～500人は10～12等級を目安。**図表4－4**「人財役割責任等級基準　製造業H社事例」を参照）。

⑤ 完成した内容に、管理職に必要と思われる内容を追加修正してもらう。
⑥ 完成した人財役割責任等級基準を社員に公開、人事制度の中で運用していく。

(4) 人財役割責任等級基準を活用して、管理職に役割・責任を落とし込む方法

さて、この「人財役割責任等級基準」を作成した後に、社員にどう自分の役割・責任を理解させるかという課題が生じます。

よくあるのは、本人が自分の役割を理解していないケースで、これ以上問題が生じないために行う解決方法を次の事例で紹介します。

【東海地区の製造業K社、社員50名の自動車部品加工業の例】

2代目社長は就任して約7年です。社長は、工場長にいつもある不満を抱いていました。それは、現場でクレームが発生すると、いつも自分自身で処理して、部下に任せないという状況でした。

工場長にそのことを伝えると、決まって「社長、部下は自分の仕事で精一杯なんですよ。だから私が代わりにクレームの処理をして、現場が回るようにしているのです」と、社長の意見にいつも反論していました。

社長は、内心は「いや、工場長、違うよ！　あなたにはもっと重要なことやってほしいんだよ。それは自分の部下を育てることなんだよ。それがどうしてわからないのかなぁ」と思っていました。でも、工場長はそうした役割などまったく気にせずに、クレームがあると待ってましたと言わんばかりに、率先して現場に出向いて、クレーム処理に勤しんでいる日々でした。

社長は、工場長として今後続けさせるかどうかを迷っていました。

そこでK社の社長は、地元金融機関の紹介で、私に相談をしてきました。私は、社長から工場長に対する悩みをお聞きした上で、アドバイスをしました。

「社長、工場長に直接本人の役割を繰り返して伝えていますか」

「年始に面談をしていますが、実は業務的な改善策などの細かい話になっています」

「社長、役割や責任というのは、本人が本当に腹に落ちないと実行ができません。事あるごとに、本人に伝えることが必要です。それと、ぜひ本人に工場長としての役割を具体的に聞いてみてください」

私からの助言をもとに、社長は工場長に聞きだしました。

図表4－5　管理職に役割・責任を落とし込むステップ

1. 本人に現状の自分の役割と責任を聞き出す。
2. 1に対して、会社から見た本人の役割と責任を伝える（人財役割責任等級基準の活用）。
3. 1と2のギャップを明らかにさせる。
4. そのギャップを埋めるための目標設定（ゴール）計画、改善策を作る。
5. 定期的にチェックをして、進捗を図り、本人への役割、責任を醸成させていく。

「工場長、毎日、現場の業務でご苦労さま。ところで、自身の役割についてはどう考えているのかな」

突然のことに工場長は少しびっくりした表情で、言葉を選びながら「はい、部下が現場の仕事をうまく回せるように手助けすることです」。

「具体的にはどんなことかな」

「前にも言いましたように、クレーム処理をして現場が回るようにすることです」との工場長の発言に対して、社長は「ほかにはあるかな」と重ねて問いかけました。工場長は「現場での細かい作業はいろいろありますが……」。

「今後、あなたがいなくなったらクレームの処理は誰がやるのかな。本来、課長や係長がやらないといけないんだよ。工場長の役割と責任とは、部下にそのクレーム処理を自分でできるように独り立ちさせることだ。このことは、昨年に渡した人財役割責任等級基準の6等級に書いてある。この等級の一番の役割は部下を育てて、自分の後継者を育てることなんだ。あなたが会社を辞めた後でも、仕事が回って行くようにしてほしいのです」

社長は心から工場長自身が成長してほしいという思いから、語気を強めながら、伝えたそうです。

その半年後には、工場長は部下にクレーム処理を任せられるようになったのです。

こうした事例は、特に中小企業ではよくあります。社長の想いがなかなか伝わらない。それを人財役割責任等級基準を活用し、本人との対話を繰り返しながら役割を刷り込んでいくのです。ぜひ一度実践してみてください（図表4－5）。

❹ 社員が納得する評価項目と自らチャレンジする目標を設定できる仕組みを作る――社員チャレンジ制度の作成

(1) 社員チャレンジ制度について

私は、今まで100社以上の社員成長支援制度のサポートをさせていただきましたが、その骨組みとなる制度が社員チャレンジ制度です。

図表4－6　社員チャレンジシートの4体系

本人の成長度（評価結果） ＝ 1.役割成果 × 2.重点プロセス業務 × 3.チャレンジ目標 × 4.取り組み姿勢

図表4－7　社員チャレンジシートの4体系の説明

評価体系	概　要
1. 役割成果	部門や課の役割、責任における業績責任のことをいいます ※数値で表せるものと数値以外（状態など）で表せるものがあります
2. 重点プロセス業務	•役割成果を上げるための重点・要となるプロセス（行動）業務 •成果を出すためのできる原因を明らかにする •会社や部門で必要なプロセス業務と知識の活用（知識は使って初めて仕事になる）で成果を上げる
3. チャレンジ目標	本人の会社における役割・立場に応じた現状より＋αの目標 現状を変えるための改善のための目標
4. 取り組み姿勢	会社にとって、自分にとっての仕事への重要な姿勢や態度

この制度の特徴は、評価としては社員の成長度を見ることです。具体的には、半年あるいは1年の期間での本人の各評価に対する達成度、期待する行動への取り組み度合いなどを評価します。

図表4－6のとおり、社員一人ひとりの成長度は、①役割成果、②重点プロセス業務、③チャレンジ目標、④取り組み姿勢の4つの項目の掛け算となります。

社員の成長度（評価結果）が低い場合は、この4項目のどれか、あるいはすべてが低いわけです。その低さの原因を分析し、改善をすることで4項目の一つひとつが改善されて、本人がより成長していくわけです。

単にこの項目ができた、できなかったというより、自分自身の成績や成果の出来栄えを

社員チャレンジシート　製造職【中級（係長主任）】　製造業Ｄ社事例（一部修正）

評価実施日　　年　月　日

対象期間　　年　月　日～　　年　月　日

簡易版

※紙面の都合上、体系ごとの評価項目は少なくしている。

氏名			
所属		等級	

一次評価者	
二次評価者	

【役割成果目標（成果・業績評価）】

	評価項目	定義・計算式	目標	実績	ウエイト	1	2	3	4	5	評価結果 本人	評価結果 一次
部門目標	改善提案した件数	提案した件数	件	件	20	3件以下	4件	5件	6件	7件以上		
部門目標	不具合件数	不具合件数	件	件	20	8件以上	7件以下	6件以下	5件以下	4件以下		
合計					40							

①

【評価基準】

評価点	1	2	3	4	5
基準・達成レベル	全くできていなかった。改善意欲が見られなかった	改善意欲はあったが、具体的な改善は見られなかった	業務上、問題はなかった。必要に応じて改善を試みた	業務上、優秀なレベルであり、改善意欲を持って取り組んだ	非常に優秀なレベルであり、他者の模範となり、指導もしていた

【重点プロセス業務】

評価項目	定義	ウエイト	見るべきポイント	コメント 自己評価	コメント 上司評価	評価結果 本人	評価結果 一次
現場での問題把握・実行	現場の問題点を上司から確認し愚直に解決に移していたか	9	報告・連絡・相談				
5Sへの取り組み	自ら率先して5S活動に取り組むとともに部下・後輩に指導をしたか	9	チェックリストの活用				
部下・後輩への指導教育	部下・後輩が継続して目標達成できるように育成、指導を図ったか	7	スキルマップのチェック				
合計		25					

②

図表4－8　社員チャレンジシートの事例（簡易版）

【チャレンジ目標】※目的(・・のため)を入れる。

目標項目　※	目標値・達成水準（出来映え）	ウエイト	コメント 自己評価	コメント 上司評価	評価結果 本人	評価結果 一次
合　計		20	【評価基準】　1. 期待を大きく下回る　2. やや下回る　3. 期待通り　4. 期待をやや上回る　5. 期待を大きく上回る			

③

【取り組み姿勢】

項　目	定　義	ウエイト	1	2	3	4	5	本人	一次
規律性	上司の命令や業務上の規則をきちんと守っていたか	5	指示や規則を守らず注意するも改善されず	指示、規則を時折守らず、よく注意された	上司の指示や規則はほぼ守っていた	上司の指示や規則について率先し守った	他の社員の模範となり、指導をしていた		
責任性	自分に課せられた業務を計画通り最後までやり抜いたか	5	途中で投げ出し諦めることが良くあった	途中で諦めることが時々あった	相談しながら最後までやろうと努力した	困難があっても自ら相談し最後までやった	他の社員の模範となり、指導をしていた		
積極性	困難な仕事にも、自発的に積極的に取り組んでいたか	5	創意工夫や改善提案はほとんどなかった	創意工夫や改善提案は少なかった	一応の創意工夫と改善提案を実践した	進んで参画し創意工夫と改善を実践した	他の社員の模範となり、指導をしていた		
合　計		15							

④

①～④の合計

合計	

（小数点第1位を四捨五入する）

本　人	一　次	最　終

図表4－9　役割成果の項目例

職　種	業績評価項目
営業職	売上高（予算達成率、前年対比率、絶対額）、粗利益高、チーム売上高、チーム粗利益高、新規開拓売上高、新規開拓件数、新製品売上、リピート率、売掛金回収率など
企画開発職	担当開発商品売上高、開発商品粗利益高、開発件数、開発納期遵守率、テーマ達成度、開発コスト実績など
販売・店長職	店舗売上高、店舗粗利益高、店舗営業利益高、在庫高、在庫回転率、粗利益率、交差比率、人時生産性、労働分配率など
ＳＥ職	プロジェクト利益高、担当付加価値高、受注高、納期遵守率、納期短縮度、プロジェクト予算削減率など
製造職	生産数出来高、納期遵守率、労働生産性、仕入れコスト削減率、リードタイム短縮度、製造コスト削減率、不良率、不良低減率、クレーム低減率、時間外労働時間削減（率）、改善提案件数など
総務・経理職	労働分配率、経費削減率、採用人員数、社員定着率、売掛金回収率、有給休暇取得率、資料作成時間短縮率など

反省、見直し、その原因を重点プロセス業務、チャレンジ目標、取り組み姿勢のどこがまずかったのか問題点を詳細に抽出することで、次の成長へのステップアップにつながるのです。

具体的には、これらを社員チャレンジシート（人事評価シート）として作ります。

この社員チャレンジシートの4体系の定義と詳細を、**図表4－7～17**を通して解説します。また、あわせて社員チャレンジシートの事例（簡易版）を載せておきましたので、参考にしてください（**図表4－8**）。

①役割成果について

役割成果は、一般的に部門や課に求められる役割、責任における業績責任のことをいいます。

営業職であれば、目標売上高、利益額、新規開拓件数などです。製造業であれば、目標生産高、不良率、原価低減率などが挙げられます。その他の職種は、**図表4-9**を参考にして階層別に具体的に作成してください。項目数としては3～5つ程度が妥当です。

②重点プロセス業務について

重点プロセス業務とは、役割成果を上げるための要となる業務のことを指します。具体的に役割成果を上げるために、どう行動すべきかを考えなければなりませんが、そのためのプロセス（行動）が重点プロセス業務なのです。

営業部門であれば、売上を上げるためには、見込み客の発掘→情報収集→提案→契約、というステップ（プロセス）になるかと思います。つまり、各々のステップを順番にクリアすることによって、役割成果（目標）が達成されることになります。

それぞれの行動が、重点プロセス業務になります。つまり**業績向上のツボ**といえます。

同時に、成果を上げるためにスキル（技能・技術・資格）も当然必要になり、それが本人のレベルアップにもつながります**（図表4-10）**。

もちろん、スキルはもっているだけではダメです。実際の仕事で使って、結果が出なけ

図表4－10　重点プロセス業務の実例

職種		内　容
営業	重点プロセス業務	部門業績管理、人脈の活用、顧客情報収集、訪問計画、有効面談（キーマンとの面談）、回収業務、重点顧客への定期訪問、迅速なクレーム対策、部下指導、報連相の実践など
	スキル	マーケティングの知識、市場調査の方法、販売戦略・計画の立て方、顧客管理の仕方、新規開拓の方法、部下指導の方法、電話のアポ取りテクニック、クロージングのセールストーク、訪問計画の作り方など
製造技術	重点プロセス業務	生産計画のPDCA、購入資材のコスト削減、工程短縮の実現、品質管理の徹底、納期管理の徹底、定期的なＱＣ活動の実施、5Sの実践、顧客満足度調査の実施、製造・環境対応技術の開発・研究の実施、計画的な設備保全の実施、技術伝承の推進など
	スキル	製造工程の基礎知識、製造技術の基礎知識、生産管理の基礎知識（品質・原価・納期管理等）と応用、最新の生産管理技術の知識、基本的な環境対応技術・法令の知識など
管理	重点プロセス業務	部門計画の立案、部門計画進捗管理（採用計画・実施、教育計画・実施、月次決算、給料計算、社内行事、支払業務等）、経営計画の浸透、事業計画の推進管理、部門間の調整業務推進、部下育成、部門内外の報連相の実践、経営への助言など
	スキル	専門知識（経理財務・社会保険・各種法令等）、経営管理の知識、パソコン操作技術、商品・技術知識、マナー（電話応対、接客方法）の知識など

れば意味がありません。評価の際はこのスキルの活用度を見ていきます。入れる項目数としては、５～７つ程度を目安に設定してください。

③チャレンジ目標について

a．チャレンジ目標と考え方

今までクライアント企業で１０００人程の社員との面談をして感じたことは、言われたことのみをやったり、やらされ感で動いている人が少なくないということです。

図表４－11－１のように、反対に、自分で挑戦したい、やってみたいと、今より高いレベルの内容

図表４－11－１　チャレンジ目標の考え

チャレンジ目標 ⇒ 達成（感） ⇒ 成　長

に対して目標を立てて実践することにより、本人のやる気の向上、成長につながっていきます。この考え方がチャレンジ目標です。

チャレンジ目標は、社員チャレンジシートの中で、社員の成長を加速させるために大変重要な部分です。

b. チャレンジ目標の種類について

このチャレンジ目標も組織、等級別、役職別によって内容が変わります。

次のような分類がありますので、参考にしてください。

❶会社方針・重点方針の中で関連したもの

❷役割成果・重点プロセス業務をさらに掘り下げたもの

❸部下指導・育成に関連したもの

❹自分の仕事のレベルアップ（改善・改良）に関連したもの

❺新しい知識・技術・技能の習得に関連したもの

こうした考えをもとに、役割、責任に応じて、自分ならではの目標を設定してください。

図表4－11－2　チャレンジ目標の記入事例

月　　日　　　部門　　　役職　　　氏名

②ジャンプして手が届くぐらいの難しさで設定してください

	目標項目※	目標値・達成水準（出来栄え）	ウエイト
チャレンジ目標	営業部売上5億円達成のために、重点顧客への訪問を実行する。	毎月20件以上、年間売上5,000万円を3月末までに達成している。	
	客先へのプレゼン技術を向上するために、専門書を読む。	毎月1冊以上（年間12冊以上）の営業のプレゼンに関する本を読み、毎月1つは本で得たことを実践している。	
	①〜ためと、目的を入れてください	③できるだけ数字で表してください	
	合　　計		

c．チャレンジ目標の書き方

実際にチャレンジ目標を設定するとき、どうしても曖昧な表現（アバウト言葉）になりがちです。

たとえば、「努力します」「一所懸命にします」「意識します」「積極的に行動します」というのが代表的な表現です。これでは、実際に評価ができない、評価が甘くなる、さらに自分の行動改善につながらないという問題が生じます。

したがって、なるべく「評価できる目標」、すなわち数値目標にするのが原則です。

まず、営業マンの例を示します。

〈良い目標の例〉

■営業部の売上5億円達成のために、重点顧客への訪問を毎月20件以上、3月末まで実行し、年間売上5000万円を達成している。

この事例には、次の目標設定の方法の5原則が含まれています。この5原則に沿って目標を設定することで、目標がアバウトにならず、明確になります。

【目標設定の5原則】

❶目的（何のために）

例の場合：「営業部売上5億円達成のために」が該当します。

❷内容（『何を』『どのように』『こうする』）

例の場合：「重点顧客への訪問を実行する」が該当します。

❸出来栄え（どのような結果の状態とするか）

例の場合：「毎月20件以上」が該当します。

❹いくらか（予算、金額など）

例の場合：「年間売上5000万円を達成している」が該当します。

❺いつまでに

例の場合：「3月末までに」が該当します。

さらに次の3つの目標設定の方法を活用すると、目標がアバウトになりにくいです。

【目標の明確化の3つの設定方法】

❶数値目標（量の拡大）

具体的な数字での目標の到達点を表します。業績（売上）、成果（利益）に関する目標（業務の合理化、省力化、経費削減も含む）を数値（量）で設定します。

＊計測できる経済単位を使う：％、円、時間、人数、件数、枚、cm、kg、ほか

❷状態目標（質の向上）

目標の到達点としてあるべき状態を表すものです。業務改善や部下の育成目標など、ある状態のレベルを「〇〇ができるようになっている」というように表します。

【例】「現在、作業現場の床の汚れが目立っている状態を、半年後には誰が見てもきれいだといえる状態にしている」

「集計作業についてミスが多い状態を、マニュアルを作成し、全員がそれを活用しミスがない状態にしている」

「部下が行っているA機械操作を現在、上司が教えながらやっている状態から、半

年後には1人でできるようになっている」

❸スケジュール目標（期限厳守）

最終納期を設けて、ある事柄を遂行する目標に表すのに使います。

【例】「○○年○○月末までに業務マニュアルを作成できている」
「毎月15日までに作成される試算表を、10日までに完了している」
（『すぐ使える・すぐできる目標設定法』金津健治著、日本経団連出版を参考に筆者修正）

チャレンジ目標の数としては、3つです。最初は一つしか設定できないかもしれません。しかし、段々と慣れることで3つに設定できるようになります。

④取り組み姿勢

取り組み姿勢は、基本的には全社的に統一して、会社の企業風土のベースとなるようにします。この土台がしっかりしていなければ、より好ましい企業風土は作れません。要素としては、「規律性、積極性、協調性、責任性、明朗性、柔軟性、使命感、自律性、危機感、チャレンジ意識、コスト意識」等が挙げられます。4～5つを目安に選択してく

図表4－12　取り組み姿勢の例

評価要素	定　　義
1. 使命感	自分に与えられた役割を自覚しその役割の遂行のための最善の努力をしたか
2. 自律性	会社方針の中で、自分で考え、行動ができたか
3. 責任性	自分に与えられた業務を、計画どおり最後までやり抜いたか
4. 積極性	どんな困難な仕事にも自発的に、積極的に取り組んだか
5. 協調性	自分の都合だけにとらわれず、他と協力して業務を推進したか
6. 規律性	上司の命令や業務上の規則を守っていたか

ださい（図表4－12）。

運用後にこれらの取り組み姿勢が守られて達成したと判断したら、他の項目を入れ替えてバージョンアップしていきます。

(2) 社員チャレンジシートの種類の検討

これまでは、社員チャレンジシートの内容を説明してきましたが、次にチャレンジシートの対象者を決める必要があります。どの階層、どの部門（職種）に対して作成していくかです。つまり、部門（職種）×階層（等級の区分）＝社員チャレンジシートの枚数となります。

等級ごとに設定するという考え方もありますが、中小企業の場合、等級ごとの差を埋められずに運用も大変難しくなるため、階層で設定することをお勧めします。

さらに具体的に説明しますと、階層別はおおよそ2～3つが目安です。会社全体として、上級職（管理職）、中級職（中堅職）、初級職（一般職）として区分します。

たとえば会社として6等級の等級区分であれば、上級職を6・5等級、中級職を4・3等級、初級職を2・1等級とします。以上が3階層です。会社全体として、4等級の場合、上級職を4・3等級、初級職を2・1等級とすることも可能です。4等級というのは、社員数からいうと10～20人を想定します。

まだこのレベルだと組織がしっかりしていないため、まずは2階層で設定したほうがうまく運用しやすいのです。

(3) 評価基準の設定を行う

次のステップとして、社員チャレンジシートの評価項目における評価基準を決めます。この評価基準については、「評価者の評価にバラツキが大きい」「3という真ん中の基準になりがち」「評価者によって甘辛傾向がありすぎる」などの問題を個別相談からよく聞きます。まずここでは評価基準を明確にします。

【評価の基本的な基準】

まず、通常5段階のレベルの中で「3」を明らかにします。つまり、「3」というのは

図表4－13　評価の基本的な基準

求める基準を5点中の3点に置く

点数	1	2	3	4	5
数値	80%未満	80%～	※100%～	110%～	120%以上
行動レベル	・業務上、問題がかなりあった。 ・具体的な改善に取り組めなかった。	・業務上、問題があった。 ・改善意欲はあったが、具体的な改善が少なかった。	・業績上、問題が無いレベル。 ・必要に応じて改善を試みた。	・業績上、優秀なレベル。 ・意欲的に改善に取り組んでいた。	・非常に優秀なレベル。 ・周りが認めており、指導もできていた。

※「3」という数値基準は各企業によって変わります。企業によっては3が、90%～という基準の例もあります。

「会社が期待をし、要求するレベル」を考えてください。わかりやすい言い方をすると「この仕事はここまでやってください」という目標（指示）に対して、達成すれば「3」となります。これが世間一般でいう「普通」というレベル感です（図表4－13～16）。

(4) ウエイトのつけ方

ウエイトは、等級、役職、仕事の重要度によって変えていきます。ウエイト付けをすることにより、社員にどの分野に力をかけてほしいかを会社がハッキリと伝えることができるのです。以下の5つの考え方で検討してください。

① 仕事の重要度・責任・期待度に応じてウエイトの配分を設定する。

② 上級職になるほど、役割成果に対するウ

図表4－14　評価基準（役割成果の基本形）

1．＜例：売上達成率＞

	1	2	3	4	5
評価基準	80％未満	80％以上～100％未満	100％以上～110％未満	110％以上～120％未満	120％以上

2．＜例：新規開拓件数＞

	1	2	3	4	5
評価基準	5件未満	5件以上～10件未満	10件以上～20件未満	20件以上～30件未満	30件以上

3．＜例：原価低減率＞

	1	2	3	4	5
評価基準	1％未満（変化なし）	1％以上～3％未満	3％以上～5％未満	5％以上～8％未満	8％以上

4．＜例：業務の習熟度＞

	1	2	3	4	5
評価基準	できなかった	一部できた	ほぼ一とおりできた	1人でできた	相手に指導できた

5．＜例：間接部門の業務＞

	1	2	3	4	5
評価基準	まったくできず成果はない	一部分はできたが成果は少ない	一とおりでき成果もある	ほぼできており成果も大きい	完全にでき成果は抜群

図表４－15　評価基準（事例・役割成果）

		評価の定義	見るべきポイント	ｳｴｲﾄ	評価の基準（5段階）1	2	3	4	5	評価点 自己	上司
1	全社売上目標達成	（半期） 実績／ ○○○○○（千円）	経営計画記載の目標売上金額の達成度合	10	80%未満	100%未満	110%未満	120%未満	120%以上		
2	改善提案件数	6ヶ月間 改善提案件数	・日報 ・ＱＣミーティング	20	０件	１～２件	３件	４～５件	６件以上		
3	時間外労働時間の削減率	目標に対する 労働時間の削減	製造部門全体 （6ヶ月間）	10	５%未満	5%以上～ 10%未満	10%以上～ 15%未満	15%以上～ 20%未満	20%以上		

		評価の定義	見るべきポイント	ｳｴｲﾄ	評価の基準（5段階）1	2	3	4	5	評価点 自己	上司
1	新規顧客の開拓	新規顧客へ提案はできたか	成約・訪問の各件数	6	訪問件数３件未満	訪問件数３件以上	訪問件数５件以上	成約件数７件以上	成約件数10件以上		
2	既存顧客の深掘	既存顧客へ提案はできたか	成約の件数	5	成約件数４件未満	成約件数４件以上	成約件数７件以上	成約件数10件以上	成約件数15件以上		
3	倉庫収益の拡大	倉庫収益拡大の提案はできたか	成約・提案訪問の各件数	4	提案訪問件数３件未満 成約件数０件	提案訪問件数３件以上かつ 成約件数１件以上	提案訪問件数６件以上かつ 成約件数２件以上	成約件数４件以上	成約件数６件以上		
4	売上予算10億円の達成	予算は達成できたか	売上予算の達成率	2	予算達成率 １００%未満	予算達成率 １００%以上	予算達成率 １１０%以上	予算達成率 １２０%以上	予算達成率 １２５%以上		
5	担当業務の達成率	計画した業務の達成率	達成率の数値	3	８０%未満	８０%以上	１００%以上	１１０%以上	１２０%以上		

図表４－16　評価基準（事例・重点プロセス業務）

		評価の定義	見るべきポイント	ウエイト	評価の基準（５段階）1	2	3	4	5	評価点 自己	上司
1	諸規定・手順書の整備	期限までに推進できたか	①問題点の洗い出し ②情報収集 ③納期	6	１項目しかできなかった	２項目はほぼできていた	①から③の３項目はほぼできていた	３項目は完全にできた	３項目は完全にできており、指導もしていた		
2	職場の安全衛生	労災事故発生を防止できたか	①自然災害対応 ②職場の安全 ③健康管理	4	１項目しかできなかった	２項目はほぼできていた	①から③の３項目はほぼできていた	３項目は完全にできた	３項目は完全にできており、指導もしていた		
3	職場の活性化	職場パワーアップ活動、教育研修により活性化できたか	①ｸﾞﾙｰﾌﾟ指導 ②従業員個々の弱点強化指導	4	２項目ともできなかった	１項目はほぼできていた	①と②の２項目はほぼできていた	２項目は完全にできた	２項目は完全にできており、指導もしていた		
4	部下指導育成	報連相により問題を解決し、スムーズに業務遂行できたか	①傾聴 ②問題提起 ③解決策の検討	6	１項目しかできなかった	２項目はほぼできていた	①から③の３項目はほぼできていた	３項目は完全にできた	３項目は完全にできており、指導もしていた		

図表4－17　ウエイトの例（製造業S社）

	上級（6、5等級）	中級（4、3等級）	初級（2、1等級）
役割成果	60	40	20
重点プロセス業務	15	25	30
チャレンジ目標	10	15	20
取り組み姿勢	15	20	30
合計点数	100	100	100

エイトが高くなる。

③初級職になるほど、役割成果に対するウエイトが低くなり、反対に重点プロセス業務・チャレンジ目標・取り組み姿勢が高くなる。

④等級が低い社員に対しては、仕事の基本を確実に習得するために、重点プロセス業務、取り組み姿勢に重きを置く。

⑤上級職は役割成果に重きを置きながら、同時にマネジメントと人材教育を重視する（図表4－17）。

(5) 数値目標をもたない間接部門の社員チャレンジシートの作成方法

役割成果において、営業部門等の比較的数字目標を設定しやすい部門はいいでしょうが、数字目標を設定しにくい総務・経理部門など間接部門では、最初はかなり設定に戸惑うかもしれません。

そこで、間接部門はもちろん、直接部門を含めて自部門の役割を考えることによって、役割成果が出やすくなります。

それは、次の視点で検討することがヒントになります。

「あなたの部門がなくなったら、誰がどのように困りますか？」

この問いに答えることで、自部門の役割がはっきりとしてきます。

たとえば、総務経理であれば、もし総務経理がなくなったら誰が困るかです。

「毎月の給与を払えなくなる」「毎月の試算表が出なくなる」「人の採用ができなくなる」「社員教育の計画とその実行ができなくなる」「社員の評価の手続きができなくなる」など……。

経営を揺るがす根幹的な問題が生じます。

それをもとに、以下のように部門の役割を検討します。

製造業Ｋ社の事例です。

【Ｋ社　部門の役割の例】

□営業部門：会社のブランド、商品サービスを取引先にＰＲし、取引、回収、継続受注する。
□製造、技術部門：顧客に喜ばれる品質、適正価格で製品を作り続けること、また市場や顧客のニーズに合ったサービスを開発および提供し続ける。
□管理部門：会社と社員を共に元気にするために、人とお金の両面を効果的に活用して、会社の業績アップに貢献する。

次に数値設定をしにくい管理部門の役割をもとに、実際にどうやって社員チャレンジシートを作っていくのかを以下に説明します。

作成のステップは次の2点です。

①管理部門で実際にやっている・やるべき業務を整理する。
②どの階層で各業務における実行責任者なのか、実務担当者なのかを明確にする（図表4－18）。

まず、**図表4－18**について説明しましょう。

この表はK社の管理部門が、①実際に担当している業務を洗い出し、②今一度、部門の役割に立ち返って不足していたと考える業務を追加したものです。表の（＊）の部分が追加検討した一部です。

（＊1）から（＊5）に関しては、単に担当者がやっているだけで、チェック、改善など

図表4－18　K社管理部門の担当業務表

（ミッション）

会社と社員を共に元気にするために、人とお金の両面を効果的に活用して、会社の業績アップに貢献する。

◎：実行責任者
○：主担当
△：場合によって実行

大分類	中分類	階層		
		初級	中級	上級
1. 人事・労務管理	経営目標・部署目標のPDCA（＊1）	△	○	◎
	採用・退職のPDCA（＊2）	○	◎	◎
	評価結果まとめと処遇（昇格・昇進・昇給・異動）	△	○	◎
	人員配置のPDCA（＊3）	△	○	◎
	人事制度改善	△	○	◎
	モラル向上施策	△	○	◎
	教育訓練体系のPDCA（＊4）	○	◎	◎
	社内行事のPDCA（＊5）	○	◎	◎
	社内規則の改廃	△	○	◎
	勤怠管理	◎	○	○
	環境・安全衛生	◎	◎	◎
	対外業務（遵法・届出・折衝等）	△	◎	◎
	福利厚生	◎	◎	◎
	社員相談対応	△	◎	◎
	社会保険	◎	○	△
	…			
2. 財務管理	予算・決算（期・月・週・日）	◎	◎	◎
	賃金計算	◎	○	△
	現金出納	△	◎	○
	仕入れ・支払い・売掛金	◎	◎	△
	各種伝票処理	◎	△	△
	経費・労務費計算	◎	△	△
	売上・利益の収支計算および改善提案（＊6）	◎	◎	◎
	固定資産（減価償却）	◎	◎	◎
	監査・税務署対応	△	◎	◎
	棚卸	◎	◎	◎
	…			
3. 庶務	来客・電話対応	◎	○	○
	文書管理	◎	○	○
	消耗工具管理	◎	△	△
	…			

の全社的視点がありませんでした。

また（＊6）の売上・利益計算も事務担当者任せで集計しているのみで、それに対して他部門へ収支改善を積極的に働きかけていませんでした。

それも踏まえて、③各々の業務を、初級・中級・上級の各階層の社員が何を主に担当すべきかを見える化しました。◎、○、△で表し、以下のように定義しました。
◎…「実行責任者」その階層が実行の職責（責任）を負うべきもの
○…「主担当」実行責任者の指示や要請によって実行すべきもの（実務担当者）
△…「場合によって実行」人員不足（急な担当者欠員、休暇・欠勤等）の場合に実行・補助すべきもの

さて、この定義にはもう一つの「想い」も込められています。

多くの中小企業では、人財役割責任等級基準を定めても、実際の個人の業務では初級・中級・上級の階層枠をまたいで実行していることがほとんどです。人手不足等のさまざまな要因で、プレーイングマネージャーとして一人二役・三役をこなしている管理・監督職が多いのも実態です。

そのような背景のもとで、杓子定規な業務分担表を作ってしまうと、多忙な日々の中で

ついつい「これさえやればいいんだ」となってしまい、本末転倒になってしまう恐れがあります。

そこで「実行責任者」が、その階層が絶対的に責任を負うべきことを明確にします。そうはいっても、「主担当」「場合によって実行」に該当する者が業務支援や補助をする必要があるということを、会社の意思として定義しておくのです。

◎○△ではなく、階層別の業務優先度（順位）付けをして、多種類の業務を担ってもらう必要性を示している企業もあります。

図表4－18と「人財役割責任等級基準」「部門の役割」「部門目標」を確認することによって、個人の社員チャレンジシート上の項目（役割成果、重点プロセス業務、チャレンジ目標）への記入内容の絞り込みをしやすくすることが、この表を作成する目的（狙い）となります。

図表4－19は、「人財役割責任等級基準」「部門の役割」「部門目標」「担当業務表」をもとに、各階層が記入した社員チャレンジシート項目の記入事例です。

役割成果欄には、①数値目標、②状態目標、③スケジュール目標で目指すことが記入されています。このように書くことで、評価する側・される側双方の検証（ＰＤＣＡの中の

図表4－19　K社管理部門の社員チャレンジシート各項目への記入事例

	階層		
	初級	中級	上級
役割成果	・主担当業務数の増加（1つ増やす） ・伝票処理業務時間の短縮（20% 短縮） ・担当業務ミスの削減（月1件以下） ・購入事務品の種類削減（年2種類以上） ・業務改善提案（月1件以上）の実行	・部署目標（社員定着率90% 以上）の達成 ・購入消耗工具費の削減（10% 以上） ・期限内の売掛金回収率向上（95% 以上） ・担当業務の納期内達成率100% ・自分と部下の時間外労働時間削減（月20時間未満）	・前期経常利益率の1% 以上向上 ・部署目標の策定の2月末完了 ・当年発生分の有給休暇取得率60% 以上 ・社員定着率95% 以上の具体的達成策を今期中に策定する ・納得性を高める評価・賃金制度の改善施策を今期中に立案する
重点プロセス業務	・担当業務の年・月・週・日毎の内容と納期の明確化 ・納期を守るためのPDCAの実行（月初・週初・毎朝の業務予定作成・実行・修正） ・異動者や新人への業務指導 ・お客様への気持ちの良い挨拶の実行	・部署目標達成計画進捗状況を毎月検証して改善していく ・部下の実務PDCA支援を毎月実施して改善や時短にも結び付ける ・飛込み業務の納期からさかのぼる計画的な実行（随時） ・福利厚生内容の棚卸をし、期末までに来期改善策を再検討する	・毎月末の経営数値検証をして次の一手を打つ ・部下の目標達成のPDCA支援面談を毎月実施 ・経営計画に即した人員配置計画（3月末まで）と実行 ・評価・処遇の納得度確認、見直し事項抽出（3月末まで） ・経営層との密な情報共有（月いち会議）
チャレンジ目標	・日商簿記3級の取得（年内に） ・マナー研修の受講（8月）し、職場での実践 ・給与計算業務を上司・先輩に教わりながら年内にはできるようにする	・日商簿記2級の取得（年内に） ・他部署社員との毎月の面談による社内情報収集 ・部署目標の進捗検証を2カ月毎に行い、対処策を上司へ提案 する ・中級マネジメント研修受講（8月）	・論理的思考の通信教育を9月まで受講し、実践 ・上級マネジメント研修の受講（8月） ・来期全社目標設定について経営層に提案・助言する（1月末） ・風通し改善のために各部署の若手社員との面談or 会議を毎月実施する
取り組み姿勢	積極性 責任性 規律性 協調性	創意工夫 責任性 規律性 協調性	先見性・危機意識 積極性 責任性 協調性

「C」）ができます。

重点プロセス業務欄では、役割成果を達成するための重点業務内容が具体的に記入されています。

チャレンジ目標欄では、①一つ以上高い等級の主担当業務に挑戦、②現在の担当業務の質やスピードをより高めるための挑戦事項が記入されています。

取り組み姿勢欄では、会社として初級・中級には「積極性」「責任性」「規律性」「協調性」を求め、各自が具体的にどんな行動をとるのかを記入してもらいます。上級には「積極性」「責任性」「協調性」に加えて、「人間性」を求めています。この会社では、管理職には人間性を磨き、部下の納得性を高める行動を望んでいます。

いかがでしょうか。以上の考え方と事例を参考にすれば、記入に当たっての戸惑いはかなり軽減されるのではないでしょうか。

(6) 管理職を巻き込んで人事プロジェクトを立ち上げる

実際に制度を作る体制、やり方について一つ言及します。それは、プロジェクトチームを作って行う方法です。

このプロジェクトは部門長、責任者などの管理職を集めて、人財役割責任等級基準、社員チャレンジシート、昇格ルールなどを一緒になって作り上げていきます。会社側で一方的にこの制度を作るより、各部門の責任者を集めることにより、制度に対する理解が深まり、自分たちが改善しようとする意欲や行動につながるからです。

この方法により、人事制度を構築した後の運用で効果が発揮されます。

制度を運用するにあたっては必ず問題点が発生しますが、プロジェクトメンバーが制度全体を理解しているために、改善がうまくでき、とても有効な手段です。さらに、初めて制度構築を行う際は、我々のような外部の専門家を導入し、実施するとスムーズにいくでしょう。

⑤ 組織的なルールを作り、社員をランクアップさせる
――管理職をグングン育てる「ランクアップ制度（昇格・昇進）」の仕組みづくり

(1) 社長の鶴の一声で決まってしまう「ドンブリ人事」

私の経験からいえることは、実は、多くの中小企業において昇格・昇進制度はあまり機能していないということです。ここでいう昇格とは、いわゆる人財役割責任等級基準において上位等級に上ること、昇進とは上の役職に就くことを指します。

運用がうまくいっていない多くの企業は、社長自身が経験や勘、恣意的な判断で等級を勝手に上げたり、管理職に任命したりしています。たとえば、年齢が40歳を過ぎ、毎日頑張っているからという理由で課長に昇進させてしまうことです。社長としては課長職にすることにより、役職手当の加算で給料アップを狙ったのでしょう。

これは実力評価で昇進をしたわけではありません。つまり**「ドンブリ人事」**をやっているわけです。

本当に管理職に適しているのであれば問題はないのですが、そうではないケースが中小企業では多々あります。「ほかに適任がいないから、仕方なく管理職に任命している」「年功で順番に指名している」「昔からの番頭さんだから」という正当な理由ではないことがしばしばあります。

(2) 不適格管理職を適格管理職に

――管理職任命の条件はリーダーシップと社長の意図をいかに汲めるか

もちろん中小企業の場合は、人数が少なく管理職に任命できる人が少ないという厳しい現実があります。しかし、いわゆる「不適格管理職」を組織にはびこらせると、現在の社員、これから入社してくる社員に悪影響を与えます。つまり人が育ちません。

図表４－20　昇格・昇進４つの目的

1. 適所に適材を配置するため
2. 社員自ら挑戦する姿勢をつくるため
3. 計画的に人材育成を図るため
4. 公正な処遇を行うため

ある製造業の社長が「うちの課長は、仕事は真面目にコツコツやるんだけど、どうも人の管理やリーダーシップ面では弱くて……」と、自分のそれまでの教育の不出来を反省しながら言われたことがとても印象的でした。

今、「働き方改革」という国策を中小企業も否応なく進めなければいけない時代に突入してきました。真面目にコツコツやる管理職ではなく、社長の意図を汲んで、生産性向上を目的に自ら部下を目標に向けて引っ張っていく「適格管理職」が求められます。

(3) 昇格・昇進の目的

具体的な制度を作る前に、この昇格・昇進の目的をお話しします。

図表４－20のように、４つにまとめることができます。

この昇格・昇進のルールを明確にすることは、上の等級や役職に上がる基準をはっきりとさせるということです。社員から見たら、今まで何となく等級や役職が上がってきた状況から、「こうすれば上がるんだ」という納得感と安心感があります。そうすることで、本当の力がある管理職が自然と育っていきます。もちろん、そのための教育が必要になります。

その結果、「よし、今までより高い目標を設定して、頑張ってみよう」という自律的な気持ちが生じてきます。これは私が個別指導している企業による運用上の取り組みの中からジワジワ感じることです。

(4) 昇格の具体的ルールの設定方法

まず、昇格に必要な具体的ルールを7つ説明します。

①人財役割責任等級基準の達成具合

図表4－4で紹介しましたH社の事例の人財役割責任等級基準を見てください。

本人の該当する等級における役割責任の基準の項目数が7割以上あれば、その等級の役割達成基準に到達したとみなします。

それぞれの項目ができているかどうかは上司と部下の面接によって、一問一答で具体的に回答できればOKになりますし、曖昧な回答であればそれはできてないということになります。そのような判断でここは進めてください。

②評価結果

ここは会社の社員チャレンジシートの結果を使います。基本的には、直近の3年間の評価結果を見ます。

たとえば、2等級から3等級に昇格するときは、評価B以上を3回以上に、4等級から5等級に昇格するときは、評価B以上を1回以上かつA以上を2回以上というように、上位の等級に昇格するにつれてレベルを上げていきます（アルファベットのSABCDは人事評価の5段階の評価を表しています）。

③上司の推薦

昇格の条件が揃っている自分の部下に対して、昇格申請書を書きます。部下の長所を中心に書きますが、課題も把握することが今後の上司としての指導のために必要です。

この昇格申請書の作成によって、部下本人は昇格に対する役割意識が高まり、上司は部下に対する期待基準が明らかになります（図表4－21参照）。

図表4－21　昇格申請書

＜昇格申請書＞

申請日　　年　　月　　日

本人	印	所属		役職		現等級	級	年齢	歳	勤続年数	年

責任者	印	所属		役職	

評価結果	年	年	年	年	年	年

昇格希望理由	本人記入欄
	本人名：　　　　印

昇格推薦理由	上司（推薦者）記入欄
	責任者名：　　　　印

レポート	必須研修
内容 点　合・否	内容 点　合・否

面談結果	社長（役員）記入欄
	① 現状の役割や責任感について ② 昇格による本人の役割・成果の向上について

最終審査結果	
年　月　日	合・否

社長（役員）	上司

④人事レポート

大企業のように数十ページものレポートを書かせる必要はありません。これは、本人の考え方を会社が知るとともに、今後の本人の教育に使うためです。

具体的な人事レポートのテーマを挙げてみます。

- 5等級から6等級に昇格する場合「当社の中期戦略について（自分の考え）」
- 4等級から5等級に昇格する場合「①業界の現状と課題、②会社全体の問題点とその改善策」
- 3等級から4等級に昇格する場合「①業界の現状と課題、②決意表明（4等級としての役割とは）」

など。

人事レポートのテーマは、会社によってさまざまです。内容が悪ければ、昇格させないということではありません。しかし、内容が悪ければダメ出しをして、何度でも書き直しをさせる必要があります。そうすることによって、自分の考えを整理する力が養われます。これには時間はかかりますが、ぜひ実践してください。

⑤社長（役員）面接

大企業のようなきっちりとした面接ではありません。社長（役員）が昇格者と面談をすることで、本人に対する期待や要望を熱い想いで語っていただくことが本筋です。

⑥必要な資格取得

会社にとっては、この資格は何等級までには取っておいてほしい、というものがあります。もちろん、この資格がないと会社の仕事が回せなくなるケースもあります。

たとえば、不動産会社であれば宅地建物取引士、物流会社であれば危険物取扱者、運行管理者、フォークリフト運転技能者などがあります。

⑦必要な研修

中小企業の場合は年間を通じて、頻繁に研修を実施することは難しいのが現状です。

ただ、上位等級（課長、部長）になるには、①マネジメント力（部門業績を統制する力）、②リーダーシップ力、③コミュニケーション力が大変重要になります。

この3つは人を育てるための技術、技能となり、役職者になってから、慌ててこれらを身につけることは困難です。したがって、上位等級になる前に必要な研修を最低限受講し

図表4－22　昇格の基準例（建設会社N社）

標準年数	等級	昇格に必要な基準							
		必須	必須		必須	必須	必須	選択	選択
		役割責任等級基準	評価結果	評価結果による昇格条件の詳細	上司推薦	人事レポート	役員面談	資格取得	必須の研修
6	5等級→6等級	○	○	評価A以上を3回以上（AAA）	○	○	○	○	○
5	4等級→5等級	○	○	評価B以上を1回以上かつA以上を2回以上（BAA）	○	○	○	○	○
5	3等級→4等級	○	○	評価B以上を2回以上かつA以上を1回以上（BBA）	○	○	○	○	○
4	2等級→3等級	○	○	評価B以上を3回以上（BBB）	○	○	○	－	○
3	1等級→2等級	○	○	評価B以上を2回以上（BB）	－	－	－	－	－

ておくべきです。

地元の商工会議所の講習会でも十分です。まずはそれを理解することが上位等級になるための最低条件となります。

以上7つの昇格ルールについて説明しましたが、すべてを盛り込むと継続するのが大変です。この中から、自社に適した基準を選択して実行してください。**図表4－22**にある「必須」とは、導入すべき基準であり、「選択」は会社の中で優先順位を決めて導入してほしい基準です。

昇格ルールを明確にすることは、管理職の登用にも透明性をもたせることで、若手社員へ夢を与える原動力になることは間違いありません。

実際の昇格の流れについては**図表4－23**で説明していますので、ご参照ください。

図表４－23　実際の昇格の流れ

流れ	内容
自己推薦	●『昇格申請書』を記入し、上司に提出する
⇩	
［総務チェック］ 上司面談(推薦)	●総務(事務)がチェックする ①人財役割責任等級基準の達成度を本人がチェック ②過去の評価結果が昇格要件を満たしているか ③必須の資格を取得しているか ④必須の研修を受講(合格)しているかを確認 ※会社にその要件が必要な場合 ●上司と面談。上司が推薦できると判断できる場合は、『昇格申請書』の上司推薦欄に、推薦理由を記入する
⇩	
人事レポート	●所定のテーマで人事レポートを作成し、社長(役員)に提出する ●人事レポートを採点
⇩	
社長（役員）面談	●人財役割責任等級基準の達成度をもとにし、役割に基づいた改善点と、期待事項を伝える。
⇩	
決定	●会社で運営する毎年の「昇格昇進委員会」（仮称）によって審議、決定を行う
⇩	
任命式	●セレモニーとして、書状とともに任命をする

(5) 昇進の方法

【昇格と昇進の大きな違い】

管理職の昇進に関する具体策についてご説明します。

①社内的に判断できる昇進ルールを作る

私は、昇進のルールは「役職者（たとえば課長）としての適性、人望、リーダーシップ力等を勘案して決定する」とクライアントに指導しています。

昇格ルールと違って、昇進ルールはかなり大ざっぱになっています。なぜかというと、役職というのは、そのときの組織上の課題、部下の能力度合いなどによって役職者に求められる役割や責任な

図表4－24　昇進の方法

<昇進の例>

役　職	対象等級	選考基準
部　長	6等級	対象等級で部長の適性、人望、リーダーシップ等を勘案して決定する。
課　長	5等級	対象等級で課長の適性、人望、リーダーシップ等を勘案して決定する。
係　長	3～4等級	対象等級で係長の適性、人望、リーダーシップ等を勘案して決定する。
主　任	2～3等級	対象等級で主任の適性、人望、リーダーシップ等を勘案して決定する。

※役職ポストの空き状況も勘案して決定する。

≪昇進の考え≫　昇進　＝　昇格　＋　適性　＋　定員

どが変わってくるからです。したがって、より細かく明示することは、結果として運用が無意味になります。

重要なのは、昇進する本人が本当に役職者として部門、部署を任せるに価するか、それまでの実績、経験、期待値を考えに考えて最終的に決定するということです。

もちろん、どうしても昇進させなければ組織が回らないというケースもあるかと思います。その際は、社長自身が本人に、期待する管理職の役割を繰り返し伝え、定期的に教育指導をしていく必要があります。そうして社長が考える管理職像に近づけるのです。（図表4－24）

②ダメな管理職は解任することを真剣に考える

管理職登用後、数年間の仕事の成果を評価したときに、期待に応え、責任を果たしていないと判断した場合、そのまま放置していませんか。

少しのギャップであれば、面談を通じての指導や教育を実施することによって是正される可能性はあります。

しかし最悪の状態は、不適格管理職をそのまま放置していることです。それにより部門が機能しなくなり、部下が成長せず、辞めていくことも多くなります。こうした場合、会社が取るべき判断は、役職を解任することです。または、専門職として役割を変えることです。同時に下の者を昇進させることも考えます。

もちろん、急に本人に「オマエは管理職としてクビだ」と告げると、本人との関係性も最悪になります。

少なくとも数カ月前から「このままでは、この部署を君に任せることは無理だ。6カ月間、猶予を与える。この期間に挽回してほしい。もし状況が変わらないときは課長を降りてもらうことになる。君の奮起を期待している」と訴えかけて、本人が起死回生を図るのをじっくりと待ちます。ダメなら、計画どおりに解任します。

中国の『三国志』に「泣いて馬謖《ばしょく》を斬る」という故事成語がありますが、機能しない管理職に対しては、解任する勇気と決断が会社を安定的に存続させるために欠かせないことを忘れないでください。

図表４－25　賃金制度は人事評価とセットで考える

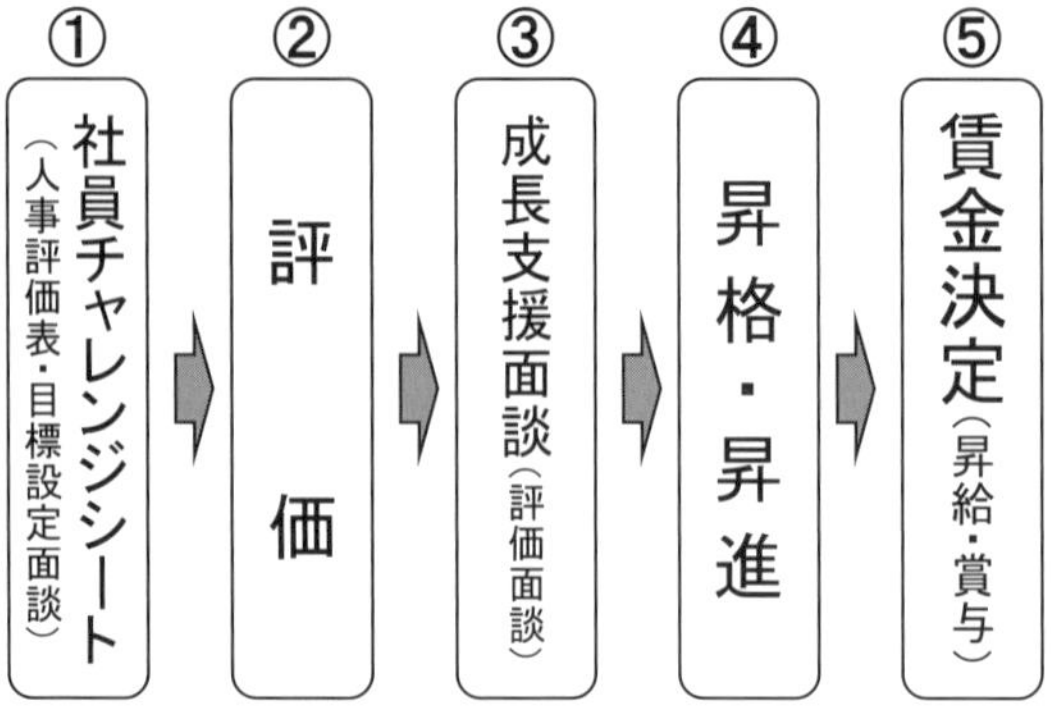

⑥ 評価と連動する賃金の仕組みを作る
——賃金制度の作成

図表４－25からわかるように、人事評価をした後に成長支援面談、昇格・昇進と続き、最終的に昇給、賞与といった賃金制度に結びつくわけです。これは人事評価結果を成長支援面談ですり合わせた結果ですから、最後の賃金制度が曖昧では社員のモチベーションが下がります。社員が納得できなくなるのです。したがって、この社員チャレンジシートの作成後に、賃金制度を明確にして社員成長支援制度を仕上げてください。

◆第４章 コラム◆

社員研修は、やりっぱなしで効果が出ない会社にはまずこれを！

レベルアップを目的に、社員を外部研修に参加させたり、外部講師を招いて社内で研修を受けさせることは多いと思います。その際に、研修レポートを提出させる会社は少なくありません。しかし、多くはレポートを出したらそれで終わりです。これでは、せっかくの研修の効果が希薄です。

私のクライアントである製造業Ｉ社は、研修のビフォー（実施前）とアフター（実施後）で効果的なフォローができるように、ある工夫をしています。工夫といってもいたって簡単です。研修レポートに、ある項目を入れるだけです。研修前には、①研修の目的、②研修内容、③今の仕事の問題点、④研修を受けることで予想される問題解決などです。

研修後には、①新たに気づいた点、②仕事に活かせる内容、③自分の問題解決につながる点、④改善のおおまかなスケジュール、などです。

さらに研修効果を最大限にするには、研修で学んだ内容をもとに、１カ月以内にミニ研修を実施するという仕組みです。人は一度学んだことを、1週間後には約2割しか記憶していないといわれています。そうならないためにも、1週間以内に復習をして、1カ月以内に関係メンバーのミニ研修会を開くのです。

そうすることで、I社の社員は研修で得た知識が定着し、仕事のミスが減り、改善提案件数も増えてきました。また、報告を受けた社員も刺激を受け、前向きになったという効果がじわじわと現れたとI社の社長は誇らしげに語っていました。

第5章

運用で社員一人ひとりの力を最大限に伸ばす

① 小さく作って大きく育てる

「制度は小さく作って大きく育てる」

どういう意味かといいますと、制度は最初から細かく作りすぎないこと、そして運用の中で少しずつ改善していく、そういうスタンスがこの社員成長支援制度の運用をうまく成功に導く秘訣です。

特に人を対象とする人事制度の場合は、実際に運用してみないとうまくいかない点も数多く出てきます。

この理由をお話しする興味深い例があります。

ある中小製造業の社長から「社員成長支援制度ができたわけですから、これから評価が確実にできますよね」と言われたことがあります。

多くの中小企業では、管理職が部下を評価するより、社長自ら評価している場合が多いのです。社長一人が評価をすれば、管理職は育ちません。せっかく制度を作ってもまったく状況は変わりません。それどころか、いろいろな問題が発生します。

これを解決するには、ある程度年数が必要になってきます。ですから、運用からが本番であり、改善し続けるという意味で「小さく作って大きく育てる」ということになるわけです。

そして運用した結果、

「今まで評価に納得していなかった社員が納得することになり、仕事に前向きになった」

「辞める社員が極端に少なくなった」

「管理職が部下を率先して指導することができるようになった」

「今まで言われたことしかできなかった社員が、自分から積極的にやろうという姿勢に変わってきた」

「上司と部下との報連相が良くなり、情報も伝わりやすくなり、ミスも減った」

といった数々の変化を指導先から聞くことが多くなりました。

❷ 制度の運用でよくある問題

具体的な制度の運用についてお話しする前に、どうしてもお伝えしておきたいことがあります。

それはよくある運用上の問題です。

【よくある運用の9つの問題】

①時間をかけて作った制度だが、社員に説明をせずに運用している。
②新しい制度をすぐに昇給や賞与に反映してしまう。
③管理職が評価に慣れてないために、いい加減な評価を行ってしまう。
④管理職の評価がばらばらで使い物にならない。
⑤チャレンジ目標が、すぐに達成してしまう目標になっている。
⑥「一生懸命にやります。一層努力します」などという目標で、評価ができない。
⑦目標設定面談が、上司の一方的な話で終わってしまう。
⑧評価面談が、部下の悩み相談だけで何となく終わってしまう。
⑨制度に問題が生じても、そのまま放置している。

皆さんいかがでしたか。これは実際にあった中小企業の話です。

どんなに時間をかけて制度を作ったとしても、さまざまな問題が生じます。

「でも皆さん、心配はないですよ！」

今、私がお話しした運用の問題を一つひとつ先回りして改善していけばいいのです。

③ 成功する社員成長支援制度運用の6つの勘所

この制度を運用する勘所はたったの6つです。

①運用ツールの作成
②社員説明会を行い、きっちりと社員に伝え切る
③社員チャレンジシートのトライアルとチャレンジ目標の設定のトレーニング
④社員のやる気、能力を最大限に引き出す成長支援面談の継続実施
⑤管理職の役割強化のためのマネジメント教育の実施
⑥問題点を改善し、定着を図る

(1) 運用ツールの作成

まず、失敗しない「運用ツール3セット」を運用前に作りましょう。
つまり、目的、何を、いつまでに、どのようにするのかを明確にするということです。
そのためのツールは、①年間の運用スケジュール（後述）、②面談準備シート、③面談

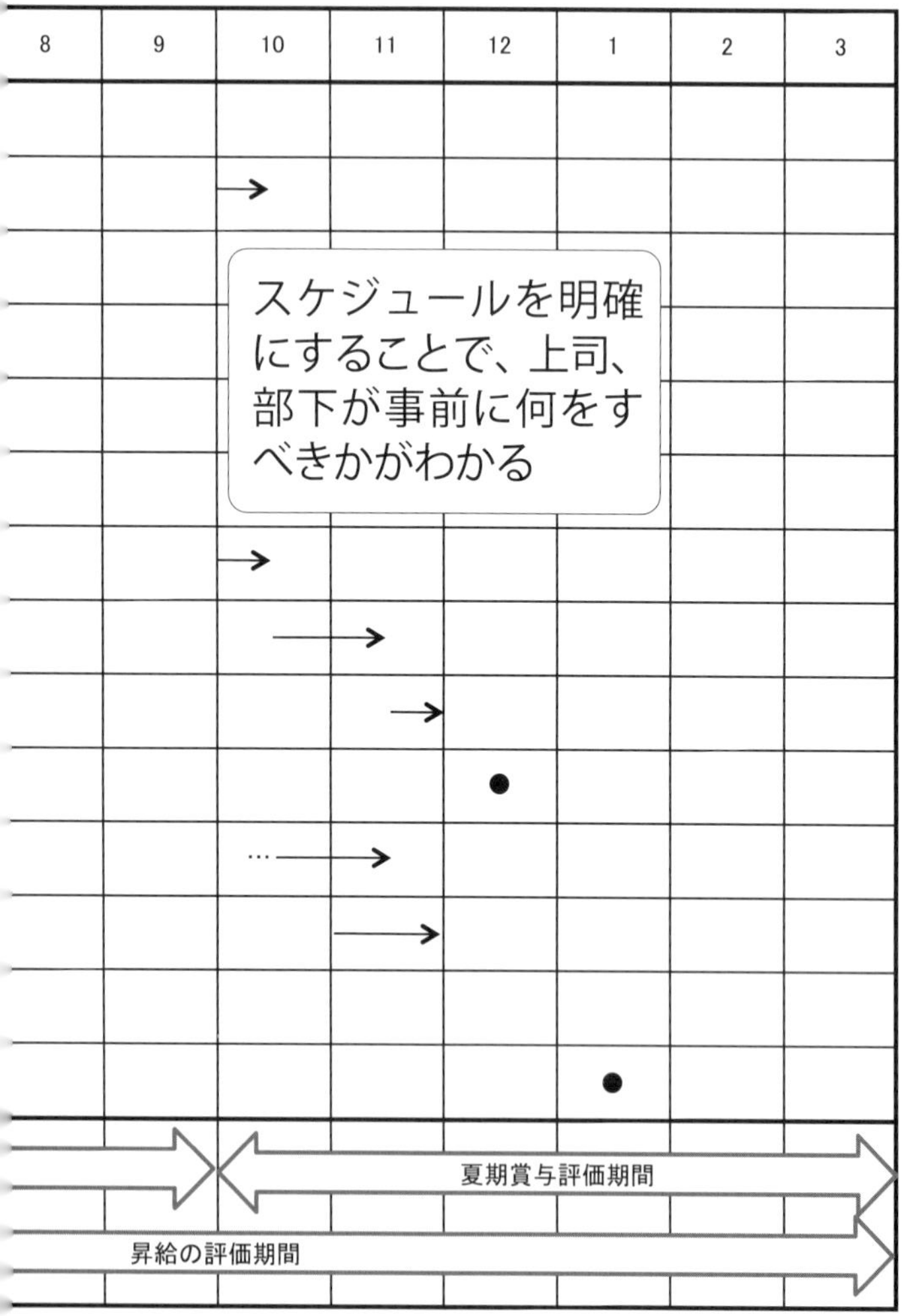
8
9
10
11
12
1
2
3
スケジュールを明確にすることで、上司、部下が事前に何をすべきかがわかる
夏期賞与評価期間
昇給の評価期間

図表5－1　年間の運用スケジュール　食品加工販売業H社事例

社員成長支援制度の運用スケジュール(通年)

	4	5	6	7
1. 自己評価(社員チャレンジシート、チャレンジ目標)	→			
2. 上司との評価面談(社員チャレンジシートをもとに行う)	―	→		
3. 夏期賞与最終評価決定(1次、2次評価をもとに)		→		
4. 夏期賞与支給				●
5. 半期の自己目標設定(1次、2次評価をもとに)	…―	→		
6. 上司・部下との目標設定面談		→		
7. 自己評価(社員チャレンジシート、チャレンジ目標)				
8. 上司との評価面談(社員チャレンジシートをもとに行う)				
9. 冬期賞与最終評価決定(1次、2次評価をもとに)				
10. 冬期賞与支給				
11. 半期の自己目標設定(1次、2次評価をもとに)				
12. 上司・部下との目標設定面談				
13. 昇給の実施			●	
14. 上司による中間フォロー面談				●
備　　考	⇐		冬期賞与評価期間	
	⇐			

の手引き書（後述の基本形を記載）の3つです。

①年間の運用スケジュール

多くの会社は年2回の賞与と、年1回の定期昇給があります。そのために、夏と冬の賞与支給日とそれに対応する評価期間を決定します。この期間が決まれば目標設定面談がまず決まり、その後に評価面談の期間が自ずと決まります。

そこでよくあるのが、評価面談ができずに賞与の計算手続きに入らなければならないといった切羽詰まった問題です。

評価面談の時間が十分に確保できるように評価期間をずらすなどの工夫が必要になってきます。

いずれにしても、目標設定や評価面談の時間を余裕をもって必ず確保してください。決算期を変更してまでも、面談時間を確保した会社があるくらい重要な施策です（図表5－1）。

②面談準備シートの作成

このシートは、特に評価面談を行う際の準備のために使用します。部下一人ひとりに、面談の中でどのように進めて、話をするかという、上司なりのシナリオを作るためのもの

図表5－2　面談準備シート

管理職（評価者）が所属責任者として、部下育成のために作成する計画の資料です。
● 必ず、成長支援面接の前に準備しておきましょう。
●「部下は期待されて育つ」。部下が仕事に対してさらに前向きになるような面接をしましょう。

面談準備シート（フィードバックメモ）

面談日　　年　　月　　日

面談者：（部署）　（役職）　（氏名）	被面談者：（部署）　（氏名）
面談のポイント	本人育成プラン（能力開発プラン）
導入部（目的、アイスブレーク）	◆育成目標（能力開発目標） 〈本人にどこまで、いつまでに、どうなってほしいのか〉
成功要因（うまくいった点） エピソード1 エピソード2	◆方法 1）OJTによる（上司、先輩による指導方法） 誰に、何を、どこまで教えるか
失敗要因（改善する点） エピソード1 エピソード2	2）OFF-JT（外部研修への参加） どんな教育テーマで、どのように、アフターフォローの方法は
伸ばすポイント（成長課題） ① ② ③	3）自己啓発（資格取得、通信教育、読書など） 本人の興味、関心がどこにあるのか
特記事項	4）その他

『目標管理のための面接マニュアル』（多羅尾美智代著、日総研出版）をもとに筆者作成

です。

「面談がうまくいくかは、準備で決まる」と言っても過言ではありません（図表５－２）。

③面談の手引き書

会社としての基本形を作成します。基本を作ったら、あとは運用段階で加筆修正をして内容をより良くしていきます。さらに上司と部下役の設定で動画を作り、より理解を深める方法を行っている会社もあります。面談の手引き書に関しては、後述します。

(2) 社員説明会を行い、きっちりと社員に伝え切る

説明会の一番の目的は、会社の姿勢を示すことです。

もう少し具体的に説明しますと、新しい制度自体の説明はもちろんのこと、この制度を通じて社員にどう変わってほしいのかを伝えることです。

時折、この社員説明会において、単に制度の変更点を述べるだけの会社がありますが、非常にもったいないというのが本音です。

では、具体的にどんなことを説明会で話せばいいかを、ソフト面とハード面という２つの点で順番にお話しします。

①ソフト面

- なぜ今回、人事制度を変更しなければならないのかの理由（ここが最も重要）
- 会社を取り巻く経営環境の変化
- 今後の会社に必要な人材像（最初に作成した人事方針を活用する）
- 新しい制度を導入することによって、管理職や一般社員にどう変わってほしいのか
- この制度の基本のコンセプト（例：評価基準を明確にし、頑張った人にはきちんと報いる、そうでない人には低い評価をする。自らの役割と立場を再確認し、より高いチャレンジに挑戦してほしいなど）
- 新しい制度の導入によるメリット（管理職、一般社員にとって）
- これから社員にやってほしいこと

②ハード面

- 社員成長支援制度の全体像とその体系
- 具体的な制度の変更点について（従来の制度との比較が必要）
- 各制度の説明

【ハード面の例】

・人財役割責任等級基準（制度）、社員チャレンジ制度、ランクアップ制度、成長支援面談制度、賃金制度などの全体像と変更点について
・年間の運用スケジュール
・人事制度運用ルールについて
・人事制度の導入時期、1次評価、2次評価の対象、手順、試行期間の有無、評価期間などのスケジュール、評価者の心構えなど
・新しい制度に変更になっても不利益変更は起こらないこと（社員に不安感を与えない）
・チャレンジ目標の具体的な設定の仕方（目標設定の練習を行うために）

これらソフト面とハード面について、2時間程度で説明を進めてください。あとは質疑応答で深めていきます。

今まで私は何十回となく、この新制度の説明会をクライアント企業と協力して実施してきましたが、ほぼ質問はゼロに近かったです。というのは、社員にしてみれば、新しい制度は実際に運用してみないと実感がわかないというのが本音です。

まれに質問があるのは賃金に関するものです。手当の条件の確認、実際にいつから変更

となるのか、といった処遇に関することがほとんどです。

しかし、新制度の説明会の準備には、十分に時間をかけてください。質問が出なくても社員は真剣に聞いていますので、説明会は会社の真剣な姿勢を全社員に訴える最良の機会になります。

(3) 社員チャレンジシートのトライアルとチャレンジ目標設定のトレーニング

初めて社員チャレンジシート（人事評価）を導入する会社の場合、すぐに評価しようとしてみても管理職自身が評価することに慣れていません。ですから、あまり早急にしすぎても運用がうまくいきません。

ここは、制度に慣れるためにまずトライアル期間（試行期間）を設けます。会社によってもさまざまですが、半年～1年間というのが多いです。その際に評価した結果は、ストレートには活用できません。従来実施してきた評価結果と比較しながら、その期間は調整を行います。

【チャレンジ目標の設定のトレーニングをしよう】

トライアル期間を設定し、同時にチャレンジ目標の設定の仕方を全社員に教えることが必要です。何度でも言いますが、この部分を手抜きにすると、目標設定が書けない社員や、書いたとしても評価できないアバウトな目標が大量に散見されることになりかねません。

これではせっかく導入した社員チャレンジ制度の良さが、半減どころかゼロになってしまいます。

東海地方のS製造業は、毎年の経営方針発表大会の後に3時間程の時間を取り、目標設定を書くようにしています。しかも会社方針や部方針に対しての質疑応答の時間を取り、社員が理解を得るように進めています。

S社の社長は「これくらいやってちょうど、社員が目標に対する理解が深まり、よっしやるぞという気持ちが生まれてきます」と言っています。

(4) 社員のやる気、能力を最大限に引き出す成長支援面談の継続

ここでは、社員成長支援制度（人事評価制度）を活用して、会社全体のレベルアップをするための社員教育の視点から説明していきます。社員教育というと、教育体系とか教育システムといった大企業が行うようなことを想像しがちですが、それほど大げさなものではありません。

まずは、中小企業にとって必要かつ効果的な社員教育を考えると、この社員成長支援制

度の仕組みが一番理にかなった教育方法であると確信しています。つまり人財役割責任等級基準→目標設定→評価→面談（成長支援面談）→賃金という流れの中で、社員のレベルアップを行うことです。

次に「面談制度」ですが、10年程前に商工会議所主催の講演会の参加者に、人事制度に面談制度を導入しているかどうかを聞いたところ、導入しているのは2～3割程度の企業でしたが、ここ1～2年では、約半数がこの面談制度を導入しているという状況になりました。しかし実際の中身の効果について聞くと、満足しているという回答がほとんどありませんでした。

社長の方々に実際にどのように面談を進めているかを聞くと、「総務の担当者に任せている」「地元の商工会議所で聴講した面談資料をそのまま渡しているだけ」など、有効的な方法で行っているようにはまったく見えません。

一般的に人事評価表というのは、単なる紙切れです。そこに上司の評価を書いて昇給、賞与を支給するだけでは、社員のモチベーションは上がりません。

この面談制度に心血を注ぎ、心が通うような面談をしてこそ、本当の意味で人事評価がうまくいくと断言します。

①成長支援面談とは

私は成長支援面談とは、**「自己のチャレンジ目標の達成を通じ、本人に自主・自発的な行動を喚起させ、上司からの支援を受けながら、成長につながる双方向のコミュニケーション手段である」**と定義しています。

②成長支援面談の本質

成長支援面談を行う際に、管理職として取り組むべき重要な姿勢があります。

それは、目の前の部下を心から成長させたいという思いや期待を込めて進めていくという姿勢です。こうした姿勢がないと部下を成長させることは困難です。

この考え方は、アメリカの教育心理学者ロバート・ローゼンタールによって提唱された教育心理学における心理的行動の一つ「ピグマリオン効果」で、「教育期待効果」とも呼ばれています。

「人は他者から期待されることによって、成績や成果が向上する傾向がある」という現象を指します。

これを実際の現場指導で活用するときに、上司が部下のことを「彼は、この数年が頑張りどきだ。だから、私も時間を取って指導しよう。ときには厳しくすることもあるが、本

図表5－3　成長支援面談の流れ

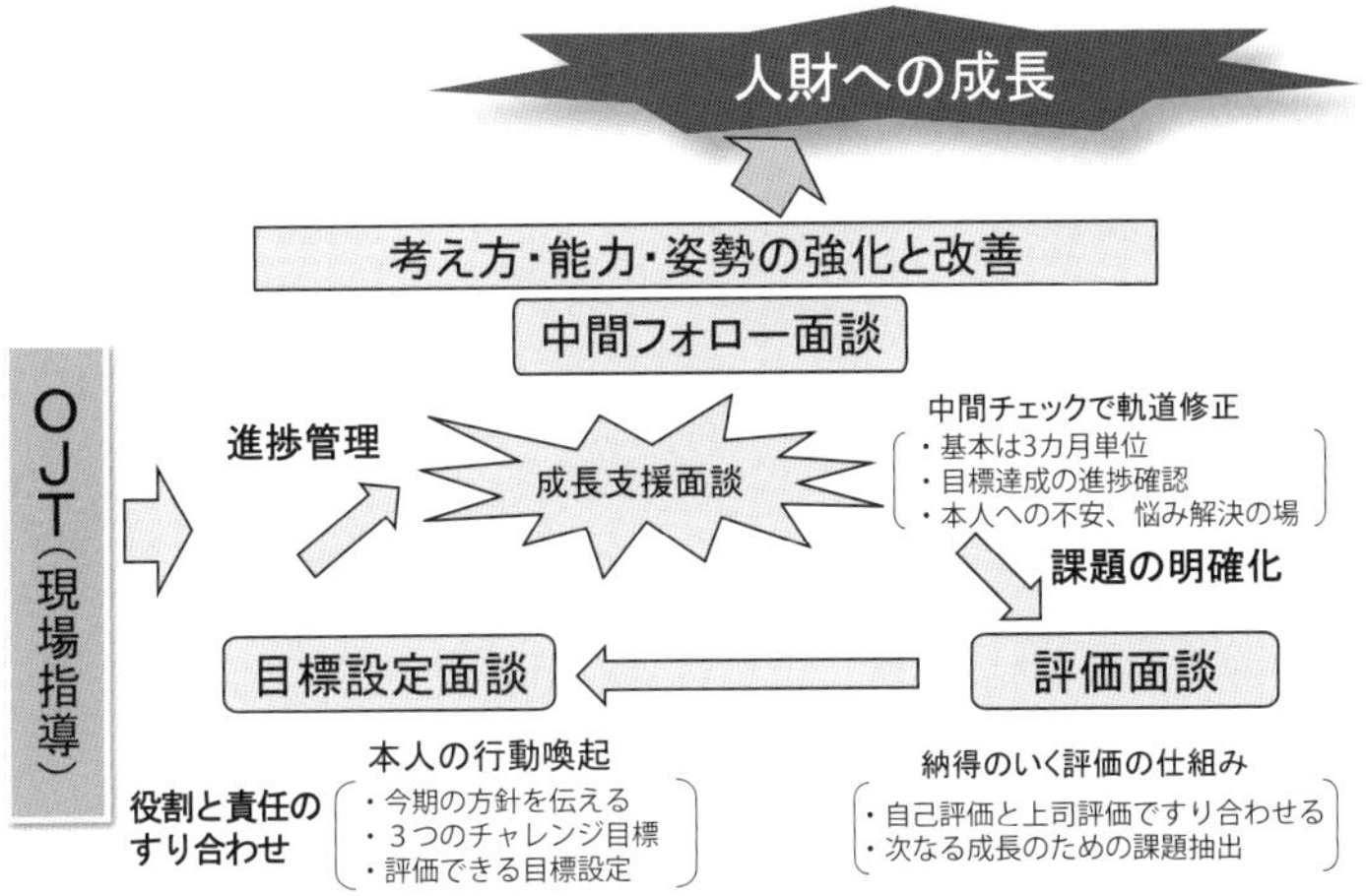

●部下を育成できるリーダーへと成長する（このサイクルをやらないとリーダーが育たない）

人もわかってくれる」と思って日々真剣に接するか、「まあ適当に仕事をしてくれればいいよ。俺はあと数年しかいないからほかの者に任せる」などと部下指導に無関心な姿勢で臨むかによって、部下の成長度合いは大きく変わっていきます。

しかし、実際の現場での部下指導は、思いどおりにいくことは少ないと思います。「指示したこともとすらしない」「自分でやろうとしたことも最後までやらずに中途半端で終わっている」「上司に批判的になり自分勝手な行動が目立つ」など、いろいろあると思います。

しかし、社員チャレンジ制度を継続、運用する中で、また、この成長支援面談をうまく活用する中で、少しずつ社員の行動が変化していきます。人が変化するためには、それなりの時間がかかることも考えておきましょう。

図表5－3は、成長支援面談の流れです。大きな流れとしては、まず**目標設定面談**を行い、上司の期待と、部下の役割と責任の意識をすり合わせます。

まず、本人がその目標に対してコミットメントします。つまり「やります」という宣言です。そして、日々の仕事の中で本人の意志でやりきる。つまり、セルフマネジメント（自分でやり切る力）を行い、その中で上司が部下にさまざまな支援を行っていきます。中間フォロー面談では、その過程で目標への進捗状況の確認や本人の悩みへの助言をします。

そして最終の評価面談は、自分の評価と上司の評価を客観的な基準ですり合わせをすることになります。

この面談を通じて、「どこができたのか、どこができなかったのか」を明確にさせて、評価を行います。それを次の期間への「成長課題」とし、さらに少しでも高い目標を設定していくわけです。この流れが、私が提唱している「成長のサイクル」です。

そして目標設定を通じて、本人が今までできなかった仕事ができるようになる、今やっていた仕事がさらに高いレベルでできるようになるといった、つまり「成長する」という目的を達成することができます（**図表5－4**）。

図表５－４　やり切る力を養成する仕組み

【会社の中長期計画の策定から個人目標の達成までのつながり】

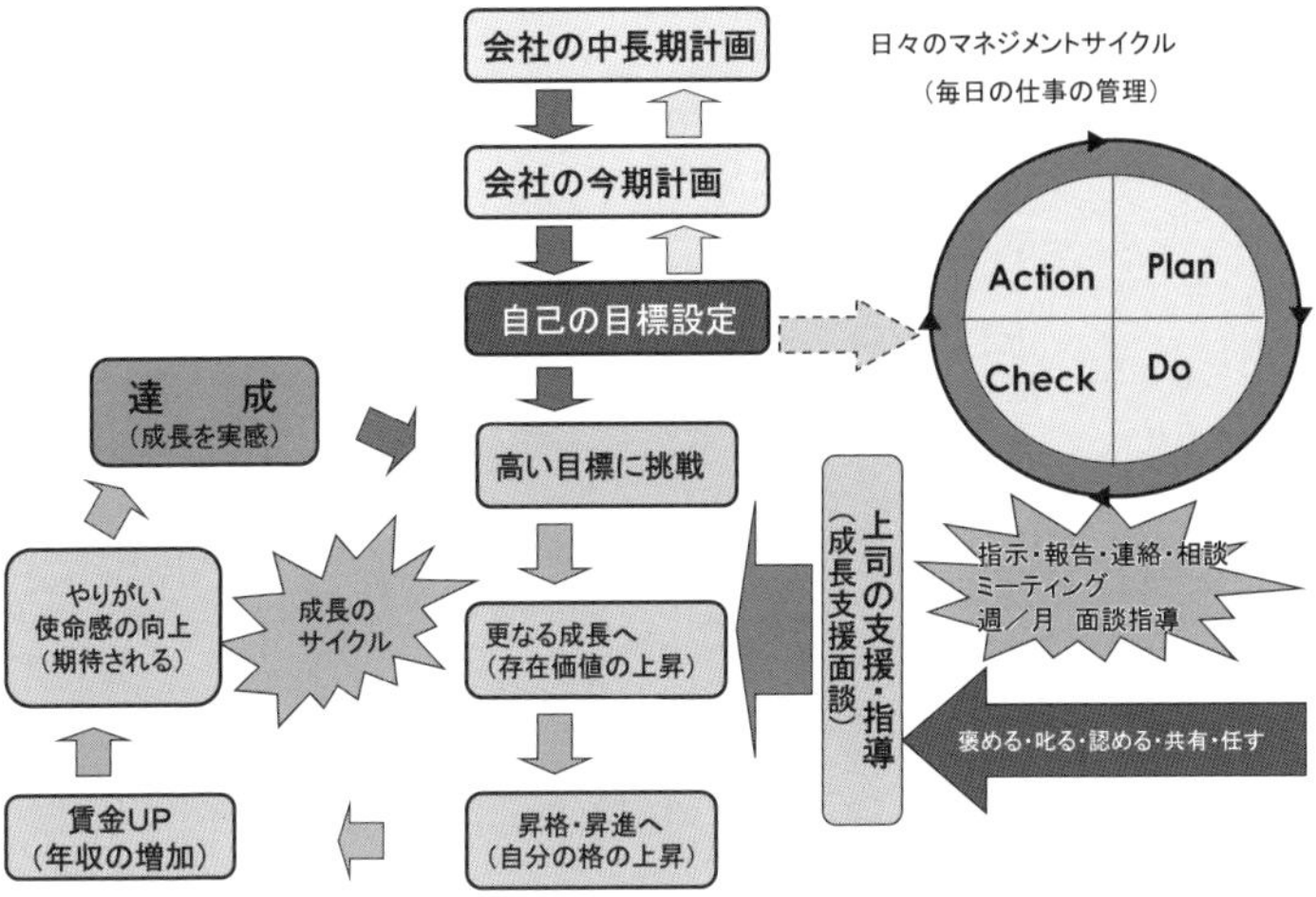

③成長支援面談の目的

成長支援面談は、その目的と実施時期に応じて３つに分けられます。

以下に３つの成長支援面談の目的を示します。

ア　目標設定（期首）面談

❶ 上司が部下に対して、今期方針を伝えるため

❷ 上司の期待と部下の役割意識をすり合わせるため

❸ 部下のチャレンジ意識を醸成させ、行動を喚起させるため

イ　中間フォロー面談

❶ 期首に設定した部下の目標の進捗確

認とアドバイスのため

❷部下に改善してほしい部分を伝えるため

❸部下の悩みを聞き、上司として支援できることを伝えるため

ウ　評価（期末）面談

❶1年間（半年間）の目標の達成度を確認するため

❷部下と上司とのお互いの評価のズレを確認するため

❸1年間（半年間）の部下の成長度合いの確認と次なる成長課題の明確化

④成長支援面談での注意点と共通の原則

次に、成長支援面談での基本的な注意点と共通の原則を説明します。

ア　面談の細かな注意点

❶発言は常に具体的にする（アバウト言葉を使わない）

❷交換条件を出しての取引はしない

❸その場しのぎの言い逃れはしない

❹部下を侮辱する、または脅しのような言葉は使わない（パワハラになりかねない）
❺面談記録をとる（次回の面談で役に立つ）

イ　面談の共通原則

❶事前に面談準備シート（**図表5－2**）に記入して十分な準備をしておくこと
・何を話し、伝えるかを事前に準備しておくこと（**図表5－2**参照）
・前回の評価表と比較しながら、部下の変化を把握しておくこと

❷部下の意見や考え方を十分に聞くこと
・面談中は、部下側に多く発言させ、上司側は発言を控える
　＊発言時間の割合は、目安として部下側6～7割、上司側3～4割
・より内容のある質問をするためには、コーチングの技法を学ぶことも必要。しかし、すべてが質問ではなく、場合によっては教えること（ティーチング、トレーニング）、悩みを聞き出すこと（カウンセリング）も必要となる

❸評価に対する行動や事実をきちんと聞くこと

・事実と事実関係（客観的証拠）を確認する。他の意見や風評、噂などの主観で部下の評価をしない

・ズレている考え方や見方については、部下の考えを聞いて理解する

・部下にも自分の考えを整理させる

❹相手に、自分で考えさせること

・上司がすぐに答えを言わない。考えさせることで、自分の今後の課題に気づかせることができる。そのために、上司は部下に効果的な質問（コーチング技法）を投げかける

・今の評価結果をどうしたらアップできるのか、質問しながら一緒に考える

❺時系列に自分を振り返らせる質問をする

・特に本人が問題行動を起こした場合には、自己の反省すべき行動が明確になる

❻評価面談の途中では、上司評価をコロコロ変えない

・部下の意見も聞き、上司としての意見も述べ、最終的に上司評価（1次評価）を決定

する

続いて、基本となる目標設定と評価における成長支援面談の具体的な進め方について、実際の会話例も含めてご説明します。これを活用して、面談を進めてください。

⑤目標設定（期首）面談の具体的な進め方（＊手引き書）

目標設定面談の一番の狙いは、部下のチャレンジングな目標を引き出して、部下から「はい、この目標で頑張ってやってみます」とやる気を喚起することです。

ア　導入（3つの面談での共通項目）

- 座る場所に注意する。ポジショニング（正面ではなく相手の斜め右に座る）
- 普段の労をねぎらい、話しやすい雰囲気を作る。軽い話題から入る。
- 「いつも頑張っているね」「最近の仕事の調子はどう？」（アイスブレイキング）
- 面談終了予定時間を伝え、メリハリをつけさせる。

イ　主旨説明

・面談の目的を確認する。

【質問例】

「まず、今年度の会社や課の方針の確認をします。その後に○○さんが設定した今年1年（半年）の目標をもとに、私からいろいろ質問させていただきます。お互いが納得いく形の目標にすり合わせをしたいので、よろしくお願いします」

ウ　質問を通じて面談を進める（本題）

・部下が設定した社員チャレンジシートの内容を順番に話してもらう。

【チャレンジ目標設定のチェックポイント】

❶部（課）の方針に合っているかどうか

❷本人のキャリアに妥当かどうか（今までの職務経験を基本に次に狙えるもの）

❸より具体的かどうか（評価測定できるか）

❹達成基準のレベルは低すぎないか（本人の実力でジャンプして手が届くレベルに）

❺期限や遂行基準に問題はないか（本当にそれで達成できるかどうか）

【質問例】

「今回のチャレンジ目標は、どういう理由で設定しましたか？」

⇩ 理由を聞いて、設定した目的や背景を理解する。

〈特に低い目標を設定してきた社員に対して〉

「そのチャレンジ目標を達成すると、今よりあなたの能力はアップできますか？」

⇩ 低いチャレンジ目標と気づかせる

「このチャレンジ目標が達成できたら、次にどんな目標を達成したいですか？」

⇩ 高いチャレンジ目標に誘導する質問に

〈高いチャレンジ目標を設定してきた社員に対して〉

「これを達成するために、どんな方法を考えていますか？」

⇩ 達成可能な手段を一緒に模索

「たとえば、〇〇〇といった方法でやってみたらできそうですか？」

⇩ 問いかけてみる

＊あまり高すぎる目標は未達成に終わる可能性があり、結果的に本人のやる気を低くさせることになる。上司は質問を繰り返しながら、その目標のレベルが妥当か

どうかを検証する必要がある。もちろん、本人がどうしても挑戦したいという強い意志があれば、それを尊重して目標設定を完了させる。

エ　クロージング

- 何か問題がないかを最後に確認する。
「これを進めるにあたって、何か障害はないですか？」
- 上司からの支援活動を確認する。
「私にできることは何かありますか？」「何でもいいからあれば言ってくださいね」
- 最後に激励をして終わる。
「チャレンジすることは大変だけど、この挑戦があなたの成長につながります。あなたのことを期待しています。お互いに頑張ろう」と、部下に熱い期待を込めて面談を終わらせる。
- 最後は「笑顔」で終わる。
- **図表5－5**の目標設定面談チェックシートで自分の面談を振り返り、次の面談に備える。

図表5-5　目標設定面談チェックシート

上司による目標設定面談チェックシート

面談を行った後で自己評価して、今後の改善に役立ててください。

上司：　　　　　　　　　　　部下：

面談実施日　　年　　月　　日　　時間：　　時 ～　　時

よくできた：「○」　　まだ不十分である：「△」　　まったくできていなかった：「×」

	チェック項目	評価
1	面談前に、面談の流れを組み立てていたか	
2	面談のはじめに、ねぎらいやアイスブレイクの言葉、部下のプライベートの話をするなど、話しやすい雰囲気を意識していたか	
3	面談中は、「きちんと話を聞こう」という姿勢だったか （体の向き・視線・うなづき・メモ取り・復唱を意図的にしたか）	
4	面談の目的を確認したか	
5	事実に基づいて部下を褒めたか、ねぎらっていたか	
6	目標が課の方針に合っているかどうか確認したか	
7	部下に期待するレベルや今後に向けた課題を示し、すり合わせていたか	
8	目標のチャレンジ度合いは本人のレベルに合っていたか	
9	評価できる目標になっていたか	
10	「気合い」や「意識」の表現や言葉が出た場合、具体的な行動に置き換えるようにしたか	
11	常に具体的な質問をしたか	
12	面談の終わりに、部下の不安な悩みを取り除く問いかけはしたか	
13	部下のほうが話す時間を多く取ることができていたか（上司3割、部下7割の原則）	
14	面談の最後は笑顔と感謝の姿勢で終えられたか	
15	面談終了後、部下は「目標達成に向けて頑張ります！」と前向きな表情だったか	

面談での気付きと反省点について

⑥中間フォロー面談の具体的な進め方（＊手引き書）

フォロー面談の一番の狙いは、部下の目標達成の進捗確認と達成のために本人のやる気を引き出し、そのための阻害要因を一緒になって解消することです。

ア　主旨説明

• 面談の目的を確認する

【質問例】

「まず、今期の最初に設定した目標の進捗状況を確認します。それと、○○さんが目標を達成できるように、私も一緒に考えたいと思います。最後に今何か困っていることがあったら言ってください。よろしくお願いします」

イ　達成状況の確認

• 質問をしながら、面談を進める

まずは質問をしながら、今の時点での達成状況を部下に答えてもらう。話が進むようになるべく具体的に聞く。

＊必要に応じて、社員チャレンジシートのコメント欄に本人の評価を入れておくと、

面談でより具体的な話ができ、時間も効果的に使える。

ウ　今の時点で成功したこと、うまくいかなかったこと（失敗したこと）の確認

- 両方の事実について具体的に聞く。その理由、原因についても聞く。
- うまくいっていないことに対する助言をする。

【質問例】

「私ならこうするけど、あなたならどうしますか？」

「あなただったら、どうしたいですか？」

部下にはなるべく建設的に述べてもらう。

エ　今、困っていること、行き詰まっていることはないかを確認

より具体的に聞き、上司として助言をする。

もし、上司の権限だけでは困難な場合は、会社に進言する。

【質問例】

「これは、私だけの判断では難しいので、会社（社長）に相談します。なるべく近いうちに返事をしますから」

オ　次の一手を一緒に考える

このままの計画で達成できるのか、達成できないならほかの手はないのかを部下に聞き、一緒になって考える。

「このままだと目標は未達成になりそうだね。何かほかに良い手段はあるかな？」

「もっとないかな（繰り返す）」

ここでは、可能な限り、できる方法を挙げさせる。

カ　クロージング（最後に激励して終わる）

最後は「笑顔」で終わる。

「今回立てた目標は、あなたにとって大変重要な内容だ。少し大変だが、これを乗り越えれば、新しい仕事のチャンスも与えられると思う。一緒に目標達成まで頑張ろう。何か困ったことがあればいつでも声をかけてください。期待しているよ」

⑦評価面談の具体的な進め方（＊手引き書）

評価面談の一番の狙いは、半期（または1年間）の自分の結果や行動を反省し、良い点、改善点についての成長課題を明確にさせることです。そして次の期に対する目標設定の青写真を描くことです。

ア　主旨説明

・面談の目的を確認する。

【質問例】

「この半年（1年）を振り返って、あなたのチャレンジシートの各項目の達成度についてのすり合わせをします。それを進めながら、次の1年間の成長課題を一緒に明らかにしていきます」

イ　自己評価の説明と事実の確認

・社員チャレンジシートにおける部下から本人の自己評価を話してもらう。

・曖昧な表現に対しては具体的に事実を聞く。

【質問例】

「具体的にどのような成果や結果が得られましたか。数値だとどのくらい達成しましたか？」

「チームで実行したんですね。それであなた自身はどのような行動を取ったのでしょうか？」

【部下からのダメな回答例とその応酬質問】

「一所懸命に取り組みました」

⇩「一所懸命とは、具体的にはどんな行動をですか？」

「自分なりにはかなり努力しました」

⇩「具体的にどんな行動や取り組みをしましたか？」

「私たちが（うちの部門が）〇〇をやりました」

⇩「あなたはその中でどんな役割で、どんな結果を出しましたか？」

「今やっておけばよいと思っている」

⇩「それなら実際にはどこまでできていますか？」

「今度からやろうと思いました」

⇩「まだ行動はしていないということですか？」

＊もちろん、良い成果が確認できれば、褒めること。

ウ　上司評価と意見交換

・上司の評価を客観的な事実を示しながら述べる。部下の自己評価と異なる場合は、部下の自己評価を尊重しながらも、「こういう考え方で評価した」ということを論理的に伝え理解を求める。

【質問例】

「これについては、○○さんは～だったですね」

「だから私の評価は今回このように考えていますが、あなたはどう考えていますか？」

エ　成功要因、失敗原因の検討（成長課題の明確化）

・うまくいった理由やうまくいかなかった原因を「なぜだろうか？」「どうすればうまくできただろうか？」と問いかけて部下に答えてもらう。

・成功要因・失敗原因を確認し、育成項目をピックアップする。

＊ここが面談における最大のポイント。

・行動で良い点があった場合は目を見て褒める。

・うまくいかなかった業務や未達成な目標について、その理由・背景を聞き出しながら、今後の改善策を一緒になって考える、あるいは助言する。

・ここで本人が成長するための課題（成長課題）を明確にし、次のチャレンジ目標の素案とする。

【質問例】

「いろいろな業務とはどんなことかな。聞かせてください」（状況把握）

「あなたはそのとき、どんな行動をとりましたか？」（事実の確認）

「どうしたら、その障害を取り除けると思いますか？」（改善へのヒント）

「○○のように考えたらどうですか？」（具体的なアドバイスの提示）

オ　問題行動に関してのフィードバック

半年（1年間）を振り返って、部下の問題行動があればこれ以上再発しないように指導を行う。

・部下の問題行動に関して、上司が普段感じていることを述べる。

・勤務態度等でマイナスの行動があればここで注意する。

＊注意点は、「○○はいけない」ではなく、「○○してくれればもっと良くなると思うよ」というように、肯定的な表現にし、頭ごなしにダメとは言わない。

・本人からの意見が出にくいときは、「日頃、私が見てそう思うんだが、○○をするともっと仕事が捗ると思いますが、どうでしょうか？」というように、上司のほうから話を進める。

- 3つ褒めて一つ注意をするくらいがちょうどよい。

カ　クロージング（育成や改善すべき点の確認）

- 本人の成功要因・失敗原因および問題行動から成長課題を整理して、本人に話す。
- 何か問題がないかを最後に確認する。

「これを進めるにあたって、何か障害はないですか？」

- 上司からの支援活動を確認する。

「私にできることは何かありますか？　何でもいいからあれば言ってください」

キ　最後に激励して終わる

- 最後は「笑顔」で終わる。

「この1年間重要な年になるけど、自分をスキルアップをさせるための絶好のチャンスだから頑張ってください。これを1年間やり続ければ、きっとあなたの大事な財産になりますよ」

図表5－6　自ら主体的・創造的に行動するための社員研修会のテーマ

対　象	研修のテーマ
管理職研修	管理者の役割強化、目標の立案と達成管理（PDCA)、問題解決、部下育成、チームワーク、コミュニケーション（報連相)、コーチング、チームビルディングなど
一般社員研修	自己の役割強化、目標の立案と達成管理（PDCA)、チームワーク、コミュニケーション（報連相)、自己開発、チームビルディングなど

「期待しています」

「何かあったら、いつでも声をかけてください」

(5) 管理職の役割強化のためのマネジメント教育の実施

管理職が部下を評価するということは、見方を変えると部下の行動を適切に把握し助言して、本人の目標達成を支援していくことです。そのために成長支援面談を実施していくことになりますが、それだけで毎日の部下への指導、教育ができているかというと不十分です。

制度を導入した後に問題が起きてくるのは、管理職自身の役割の認識が弱く、成長支援面談を準備せずに行うとか、いい加減に評価をしてしまっているためです。しかも、そのことに自分では気づいていないので、毎日のマネジメントもいい加減になってきます。

そこで私は、クライアント先では**図表5－6**のような教育テーマで管理職教育と評価を受ける一般社員教育を実施しています。これを参考にして、皆さんもぜひ運用の中で管理職、一般社員のレベルアップを共に図っていただきたいと思います。

(6) 問題点を改善し、定着を図る

さて、社員成長支援制度（人事制度）の運用について、いろいろな角度からご説明してきました。

どんな制度も実際に運用していくと、さまざまな問題点や課題が生じてきます。そうした問題点や課題を放置せずに、対策を講じてまたさらに制度のブラッシュアップをしていただきたいと思います。

「制度は、小さく作って大きく育てる」。まさにそれにつながります。

改善については、①すぐに見直しができることと、②時間がかかることの2つに分けられます。

①のすぐに見直しができるものに対しては、議論を早めに行い、見直し、実行していきます。

②の時間がかかるものに対しては、課題を明らかにし、いつまでに議論し、それをどこまで、いつ実行するかといったロードマップが必要となります。

これをあやふやにしておくと、せっかく作った制度も運用がストップしてしまいます。

私は多くの人事制度についてご相談を受けてきましたが、その中で最も多い問題点は、制度の形ができても、何かの問題で運用がストップし、そのまま放置されているということです。

外部の専門家に依頼したコンサル費用は、下手をすればまったく無駄になってしまいます。

そうならないためにも、先ほどから申し上げている運用のポイントと勘所を参考に、皆さんが取り組んでおられる社員成長支援制度（人事制度）の精度をさらに高め続け、社員の成長に結びつけていただくように強く願います。

◆第5章 コラム◆

人事評価運用の悩み

①部下を多く抱えている管理職の面談の負担を減らすには

部下が多く、面談を負担に感じる悩みを抱える方は少なくありません。個別相談でよく聞きます。統制範囲（スパン・オブ・コントロール）の原則という組織原則がありますが、通常、一般的な事務職では1人の上司が直接管理できる人数は5～7人程度といわれています。仕事内容、環境条件においても管理できる人数は異なります。ただ10人以上となると管理職は部下との評価面談に相当な時間が取られます。

かといって面談時間を短縮すると、面談の質が落ち、いい加減になりかねません。したがってこのような場合は、下の管理職もしくは管理職候補を同席させるようにします。自分の評価基準や考えを次の評価者（管理職候補）と共有することができます。時間はかかりますが、こうすれば自分が退職したあとでも、次の評価者が評価できる仕組みができます。これも後継者の育成です。

②働き方改革を効果的にするには人事評価をどう運用すべきか

働き方改革だからと、単に「時間外労働を減らしましょう」「無駄な作業を減らしましょう」といったスローガンを掲げる会社は少なくありません。より具体的な数値目標を部門や個人で設定して、ＰＤＣＡを回していくことが効果的です。具体的にいうと評価制度の中に数値目標を入れることです。

社員チャレンジシートの中にあるチャレンジ目標に、たとえば時間外労働の削減、無駄な作業の見直し、業務の改善などの項目を入れます。時間外労働時間の削減については、昨年の実績をもとに何%削減するという目標を立てます。

それに対し、どんなムリ、ムダな仕事をなくすか、上司であれば自分の仕事をどう部下に任せるか、などといった業務改善が必要となります。それらの項目をチャレンジ目標に落とし込み、ＰＤＣＡで回していくという形がよいと判断します。

目に見えた結果が出れば、さらに改善をして自分の能力が高まっていることに実感がもてるでしょう。

第6章

3社の事例
——社員成長支援制度の導入・実践とその変化

理念の実践と人事の仕組みで会社が変わる

——有限会社萩原チキンセンター

岐阜県　食品加工販売業　従業員27名（2018年12月末現在、パート含む）

www.k-chan.co.jp

1 経営理念「進化する会社へ」

2012年、萩原チキンセンターの社長室で日下部社長とお会いしました。10年前に2代目社長として就任し、会社の舵取りを積極的に推進しています。

冒頭に、今後の会社のビジョンについてお聞きしたところ、「当社の経営理念である進化する会社、会社そのものが子々孫々まで栄える会社にしたいのです。そして、全社員が新しい行動をすると、新しいもの、新しいコトが生じてくる。その流れで会社が継続していく。そして次の世代に渡っていく。ケイちゃん（岐阜県の飛騨・奥美濃地方の鶏肉を用いた郷土料理）を事業の柱として、岐阜から日本、そして世界に向けて新しい食文化の提案をしていきたいのです」と、事業に対する強い想いを言葉の端々に感じたものでした。

② 社員が変わらないことが会社の成長にブレーキをかけ始める

社長交代から数年間で、組織や業務分担をいろいろ変えていきました。しかし、先代の頃から在籍していた社員の中には、新社長の想いとズレがある人も少なくありませんでした。社長の想いや新しい経営方針、計画を繰り返し伝えてもなかなか彼らは変わろうとしなかったのです。

いま振り返れば、その社員の若い頃に教育ができていなかったのだと思います。当時は何事においても社長（現会長）のトップダウンの指揮命令により現場が動いていたので、その指示どおりにやる「ＹＥＳマン」ばかりで、自分で考え行動する社員は残念ながらいませんでした。

当初「営業」は古参の常務に、「製造」は２人の課長に任せていたのですが、社長は常務にさまざまな指示をするも、本人は自分の考えで勝手に判断し、なかなか社内がまとまりませんでした。

一方、製造現場では２人の課長が日々の製造に追われて、部下指導、改善作業にまでは手が回らない状態でした。また現場ではパート社員も多いため、人間関係による小さなもめ事が多いのも苦労の種となっていました。

このような理由から、目標数字が達成ができない状態が2～3年ほど続いていたのです。10年後に売上10億円、社員規模50名体制にしていきたいという中期ビジョンの構想はあるものの、なかなか突破口が開けない苦労の時期が続いていました。

③ 組織・人事改革のきっかけ

そして、今から6年前に、メインバンク主催の経営セミナーに日下部社長が参加し、講演を聞いて「ぜひ、我が社にも大竹さんの考えや仕組みを導入したい」と相談を受けました。「一番の改革の狙いは、今いる社員を定着させ、やる気、能力を引き上げることです。そうすれば、全社員の底上げになるし、新しい人も採りやすくなるでしょう」と、力強く話をされていたことが今でも記憶に残っています。

そこでまず最初に改革を実行したのは、人事制度です。具体的にいうと、人事評価、賃金制度です。

先代の社長は、「鉛筆ナメナメ」で評価を行い、賃金を決めていたので、これでは本当に仕事ができる人とそうではない人に公平な評価もできません。結果的に賃金も社員が納得するようなものにはなっていなかったのです。
日下部社長は、まずはこの慣習を変える仕組みを作りたかったのです。

④ 改革の本丸——社員成長支援制度（人事評価と賃金制度）に着手

まず、人事評価（社員チャレンジ制度）の作成は日下部社長、幹部社員を巻き込んで議論し、独自の評価項目を策定しました。約6カ月間にわたり、次の5つの仕組みを構築しました。

①会社が社員に期待することを明確にした人財役割責任等級基準
②営業、製造、総務の3部門と管理職、一般職の2階層　計6種類の人事評価表
③人事評価とリンクした昇格・昇進制度
④基本給と諸手当の見直し
⑤評価結果をリンクさせた昇給、賞与制度

そして、制度完成後の翌月に、人事制度の説明会を全社員対象に行いました。
「実際に社員からの戸惑いの声は多かったと思います。良いことだと思う人もいれば、

面倒くさいと思う人もいて、さまざまだったと思います。でも、評価シートにチャレンジ目標を入れる仕組みは、自分で考えるという視点では大変良かったですね。最初の段階で、私の方針で『読書をしよう』、という目標を入れてもらったのですが、本を読んで自分を見つめ直す時間とする。それを面倒くさいと思う人もいる。しかし仕組みがあるので、それを素直に活用してステップアップしようとする人もいますね。全員ではありませんが、チャレンジ目標を活用して自分を成長させるという点では、今後も継続していきたいです」

その当時を振り返りながら、社長は話をされました。

そして、今はこの仕組みを回す「運用ステージ」に入りました。運用での要は、やはり社員成長支援面談です。萩原チキンセンターさんの場合は、期首の時点で目標設定面談、中間で中間フォロー面談、評価面談を半年サイクルで回しました。

当初、課長らは「面談なんて初めてなのでうまくいくかな」と口を揃えて不安げに言われました。そこで、研修会を開き、成長支援面談の考え方、やり方を繰り返し伝えることで不安を解消し、少しずつ目標のすり合わせや、部下に評価結果のフィードバックができるようになったのです。

また、部下の仕事への考え方や抱えている問題を直接聞き取ることで、現場の人間関係の悩みなどを徐々に解決できるようになったのです。

⑤ 人事制度の運用でさらに組織のレベルアップを図る

人事制度の運用後3年目になると、積極的に行動して結果を出す人とそうでない人に分かれてくるようになりました。

そこで私は社長と相談し、営業マン全員を対象にレベルアップ研修会を毎月実施していきました。

人事制度の枠にとらわれずに、目標の立て方と達成の仕方、毎月、毎週の計画の立て方などといったPDCAサイクルを回す実践方法、営業マン一人ひとりの力を引き出すためのチームビルディングの考え方と方法を刷り込んでいきました。結局、人事制度の最終目標は、この仕組みを通じて、会社と社員がともに成長することだと私は思ったわけです。

また、同時に常務と製造課長、主任には毎月、目標達成の成長支援面談を繰り返して実施しています。

さらに、2年前から年に1回、日下部社長自らが全社員と面談をしています。社員から生の声を聞いて、それを経営改善に活かしていくことが目的です。もちろん、本音を引き出すことはすぐには難しいかもしれませんが、まずは継続してやっていきたいと話しています。

これには、もう一つ理由があります。「中小企業だから評価、賃金制度や面談がなくても当たり前です。しかし、我が社はそれに対してしっかり取り組んでいます。会社の規模は小さいけれど、社員を成長させる仕組みはしっかりあると、社内外に対するアピールの意味合いもあります。実際に社員が友達と話すときに、ウチは大手企業でやっているような評価シート、昇給や賞与のルールを明確にしてやっている、と言えるわけですよ。これだけ制度がしっかりしているのだから、安心して仕事に一生懸命取り組んでもらいたい」と社長はおっしゃっています。

⑥ 5年後の売上高10億円に向けてのビジョン

最近、とても嬉しいことがありました。勤続30年以上の常務の行動が変わってきたことです。今までは、社長から指示をしてもなかなか行動に移さないという状況でしたが、ここ最近は自分でやらないといけないという意識が芽生えてきました。自分で目標、計画を立て、より積極的に部下に指示をするように行動が変化してきたのです。

人事制度の導入、運用の中での月一《つきいち》ミーティング、研修、営業課長との密なミーティングなどの理由が考えられますが、一番は、今、自分が何をすべきかという役割、責任がはっきりと本人の心に打ち込まれたことでしょう。それが危機感のある行動につながってきているのだと思います。

こうしたさまざまな人事組織改革を通じて、新たな顧客、取引先も毎年増加し、若手社員の成長も著しくなっています。また新卒採用活動も今年からスタートし、魅力ある会社づくりを目指しています。

5年後の売上高10億円達成のために、全社員が力を集結して日々頑張っています。

このような変化が生じた一番の理由は、「社員を成長させている取り組み」にあると判断します。社員を想い、どうしたら成長し満足してもらえるかを考え、愚直に実践している点です。

論語に「近き者説《よろこ》べば、遠き者来る」という言葉がありますが、まさに萩原チキンセンターさんのことを指していると感じます。

目標設定、面談、教育の計画的な実践で成長中！

——N木材会社

東海地方　住宅資材の販売およびプレカット　従業員70名（2018年12月末現在）

❶ 倒産の危機からの脱出

N木材会社は、2010年頃に売上不振による倒産の危機に遭遇し、やむなく人員削減などのリストラを断行しました。そしてさまざまな策を講じた結果、ここ3、4年は業績が回復し、黒字に転換することができたのです。

当時営業責任者であったH常務取締役（現社長）は「組織の見直し、営業強化と、相当大変なことでした。そうした改善策があってこそ、今の会社があるわけです」と、その当時を振り返っています。

しかし、リストラの弊害か、売上や利益を最優先する、いわゆる成果主義が浸透しており、目標数字を上意下達で達成させるマネジメントスタイルが営業部に定着していました。

❷ 挑戦意欲が希薄になってしまった組織を変えたい

H総務部長は、「このままの組織では、うちの社員はダメになる。売上、利益に追われ、何となくやらされた感で毎日が疲弊して終わっている。これでは、お客様に喜んでもらう商品やサービスを継続的に提供できなくなる。それと同時に社員自らが挑戦しようという意識が希薄になっている。目先のことで精一杯という状態だ。これを何とか変えないといけない」と、仕事の合間を縫って、何とか現状を打開する方法を考えていたのです。

以前、大手コンサル会社に依頼した人事評価制度はあったものの、絵に描いた餅で、ほとんど運用されていませんでした。また賃金についても明確な制度はなく、社員から不満の声も聞こえてくるようになりました。

❸ 活きた人事制度を導入

H総務部長は、私が商工会議所で講演した人事評価の講演会の内容を思い出し、弊社に電話をかけてきたのです。それが２０１６年のことでした。

面談の日、H総務部長は開口一番、「5、6年前に大竹さんのセミナーを受けて、人事制度を通して管理職としてあるべき姿、考え方が大変参考になりました。そのときの資料がここにあります。ご縁があれば、いつか指導を受けたいと思っていました。それが今、目の前で実現できたのです」と言われました。

「ご縁」というのはどこでつながるかわからないという驚きと同時に、H総務部長の想いを心底実現したいと強く思い、身震いした程です。

❹ 幹部による人事プロジェクトのスタート

翌月から、幹部による人事制度の改革がスタートしました。

改革のやり方としては、各部門長を招集して、毎月1回のプロジェクトチームによる進行という形で開始されました。

このプロジェクトチームによる進行は、部門長に人事制度に対する共通の考え方が浸透する、また制度の運用を部門長たちで改善ができる、という2つの大きなメリットをもたらしました。

参加した部門長は、人事制度に関してまったくの素人なため、こちらから人事評価に関する考え方やその作り方などの情報提供をして、勉強会の形式で進めていきました。毎回宿題を出し、回数を重ねることで、最初はほとんど意見が出ない状態だったのですが、中盤からはさまざまな意見や質問が増え始め、プロジェクトが盛り上がっていく様子を実感したことを今でも思い出します。

人事プロジェクトで作成した成果物としては、①人財役割責任等級基準、②部門別・階層別の社員チャレンジシート、③ランクアップ制度（昇格・昇進ルール）の3つです。賃金制度（賃金体系、昇給・賞与ルール）においては、役員間で議論し、構築しました。

プロジェクトの最後の会議で、ある課長から「今まで人事評価というものは単なる給与を決める道具だと感じていました。しかし、今回のプロジェクトに参加することによって、いかに評価が重要で、社員を成長させる役割、責任が上司である自分にあるのだということを改めて確認しました」と言われ、N社がこれをきっかけに大きく変わっていく予感がしました。

⑤ とにかく運用に注力をする

H総務部長は、私に「人事制度の仕組みはこれでできましたが、これからが本番でとても重要です。今後も運用にご支援をいただけますか」と言われ、私は「もちろんです」と使命感を感じながら、ゆっくりとした口調で返事をしました。

組織編成の中で、H総務部長から現在のK総務部長に変わりましたが、K総務部長は人事制度の運用に積極的で、運用での必要な施策を私と議論し、計画をもとに順番に実行をしていきました。

最初に行ったのは、新人事制度の説明会です。本社、営業所、加工工場の3拠点それぞれで説明を2時間程度実施しました。その中で、目標設定についての考え方と作り方、演習も無事終えることができました。

説明会が終わって2週間が経過した頃に、私はK総務部長に電話で「皆さんのチャレンジ目標への記入は進んでいますか」と尋ねたところ、「いやー、なかなか進んでないようです」と言われました。

社員からは、今回の人事制度に対して「何か面倒なことをやらされる」という雰囲気があり、なかなか目標を書けなかったと言われました。また積極的にやろうとする社員とそうではない社員との温度差もあるとのことでした。

私は、「最初の段階で、このようなことはしばしばあります。人はすぐには変わりません。次の策を考えてじっくりと前に進めていきましょう」と伝えました。

そして、この後に本格的な人事制度（社員成長支援制度）の運用が始まりました。具体的にいうと、①評価者による目標設定面談と評価者面談のやり方の研修会、さらに評価者面談が終わった時点で、評価者8名を対象に、②部下の社員チャレンジシートに対する指導、③目標設定のやり方と目標達成の仕方研修、④全社員のチャレンジ目標に対する添削指導などを実施してきました。

①の成長支援面談の方法については、目的を明らかにし準備することの重要性と、どのような質問を部下に投げかけて実施してもらうかをいろいろな視点でレクチャーし、最後はロールプレイを繰り返し行いました。

②の部下の社員チャレンジシートに対する指導では、一人ひとりのチャレンジシートをじっくり見ると、上司が日々部下に対してどんな指導をしているかが透けて見えてきました。コメントが少ない部下はやる気も低いし、上司の指導が足りないという事実が判明しました。それをもとに私から助言し、管理職に指導方法を検討してもらうようにしました。

⑥ 社員成長支援制度の効果が出始める

このような運用支援を1年間繰り返すことで、N社の社員に変化が現れてきました。

K総務部長からは、「まずチャレンジ目標の設定を通じて、部下とのコミュニケーションが今まで以上に取れるようになった」ということです。

そして「やるべきことが上司と部下との間で明確になり、無駄なことが減ってきました。数カ月前のチャレンジ目標の添削指導ですが、今までチャレンジ目標がアバウトな内容であった社員が、自分の役割、責任の中で、レベルアップした目標を示すようになってきたという感じです。これも大変嬉しいのですが、若手社員の目標に対する意欲や執着心が強まってきました。打たれても粘り強く諦めないという姿勢が少しずつ醸成されてきたようです」と、制度導入の効果を一つずつお話ししていただけました。

⑦ 自律自走できる組織へ

これからのN社は、「上意下達ではなく、社員一人ひとりが問題意識をもち、工夫して自律自走できる組織を作っていきたい。そのためには、理念、ビジョンの共有、情報の共有を第一に行い、幹部と現場に情報量の差がない組織運営にしたい」ということです。

「今後の課題としては、①新人育成プログラムです。新卒が入社して、1年間の教育プログラムを通じて、成長させたいのです。これを作っていきたいですね。

②適材適所、タイムリーなジョブローテーションです。長年やっていると、組織は硬直化します。だからこそ、社員をいろいろな部署に配属、経験させて、力をつけてさらに上を目指してほしいのです。

③社員成長支援制度（人事評価制度）の運用の精度アップで、面談の充実、上司による部下指導の強化ですね」

とおっしゃっています。

以上ですが、2年前に構築した社員成長支援制度が確実に全社員に浸透し始めていることは、私としても大変嬉しく思います。N社と全社員のさらなる成長が、とても楽しみです。

愚直な成長支援面談で社員の個性を発揮

――三晴工業有限会社

愛知県　ねじの緩み止め加工と樹脂コーティング加工　従業員25名（2018年12月末現在、パート、外国人労働者含む）

miharu-ind.com

1 社長の役割とは、社員の個性を磨くこと

最後にご紹介する会社は、愛知県で特殊なプラスチック塗装業を営む三晴工業有限会社です。初めてお会いしたときに、稲垣社長が「社長の役割とは、社員の個性を磨くことなんです。会社というのは、いつも良い状況が続くというものではありません。ですからこの会社にいる間に、社員がほかの会社に転職しても通用するくらいの実力を身につけてほしいと願っています。そのための外部セミナーへの参加、社内での勉強会、資格取得などを積極的に支援します」と熱心に語られていたことを今でも鮮明に覚えています。

2 黙々と働く現場の社員を変えたいという願い

三晴工業では、社員一人ひとりが黙々と仕事をしていました。言われたことはきちっとやるという感じでした。また、工場長は年功で決めたらしく、非常に勤勉で自分で黙々と作業を行う職人タイプでした。人前でリーダーシップを発揮するようなタイプではなく、社員とのコミュニケーションはどちらかといえば苦手なようでした。

20～30代の若い社員は、目の前の仕事は一所懸命にやっています。ただ、会社に対しての提案はゼロに近く、さらに何かにチャレジしようとする姿勢が、当初はあまり見られませんでした。資格取得をしようとの意欲も希薄でした。

また、評価や賃金のルールも曖昧で、社員にはオープンにできないレベルでした。

社長は、頭の中では現状の社員の行動や社内の仕組みを変えたい、と常日頃から思っていました。東京まで足を運んで、人事セミナーなどに2年間参加されましたが、社長の考えにピンとくるようなものはなかったようでした。

そんなある日、弊社のセミナーを受けて、「これなら人事の仕組みから運用までしっかりできそうだ、これで何か変われるような気がしてきた！」と思ったとのことでした。

❸ 人を成長させる仕組みを作ろう

セミナーの後日、稲垣社長が「大竹さんの言われる社員を成長させる仕組みを作りたいのです。ご協力お願いできますか」と私に真剣にお話をされました。

そして、社長に会社状況や社員の仕事ぶり、問題点についてヒアリングを行いました。社長がしばしば口にされるのが、「今の社員一人ひとりを何とか成長させたい」ということでした。社員一人ひとりの長所や改善点も含めてお聞きしましたが、なかなかここまではっきりと示される社長は少ないと感じた程でした。

そこで、どうしたら社員が成長できるのかを念頭に、社長と一緒に「仕組み」を作っていきました。

その仕組みとは、次の3つです。①社員にどうなってほしいかの「成長ステージ表」（人財役割責任等級基準）の作成、②それを実現する具体的なチャレンジ目標と社員チャレンジシートの活用です。それによって、社員が具体的に仕事上どんな成果や期待をされているかが明らかになります。そして、③目標を達成したら、どう賃金が支給されるのかの給与面の仕組みです。以上、基本の3つの仕組みを構築しました。

④ 運用が始まっても社員の変化がない

私は、クライアントの人事制度運用に入る際には、最も効果の高いものに絞って着手します。三晴工業さんの場合は、「社員成長支援面談」でした。つまり、面談を繰り返して、自分が立てた目標を達成するための考え方、姿勢、スキルを少しずつでも習得してもらおうと、これをまず愚直に繰り返していきました。

流れとしては、各人が自己目標を設定して、目標のすり合わせ面談をします。その3カ月後には、進捗状況の中間フォロー面談で確認、または仕事の悩みを聞き取っていきます。その3カ月後には、評価面談を行います。自己評価を行い、会社評価とのズレを確認します。同時に反省もします。

すべての面談には私と社長が参加して、交代で本人に質問を投げかけます。社員が発言する時間をより多く取ろうと意識しながら進めました。社長、私、本人の3人で行う面談を、**「トライアングル面談」**と呼んでいます。

新制度を導入して3、4カ月が経とうとしたときに、稲垣社長が「なかなか行動が変わらないですね」と漏らしました。私は社長に「人は急には変われませんが、彼らも今はもがいている最中だと思います。もう少し待ちましょう」と進言しました。

⑤ 資格を取りたい……前向きな社員に変わってきた

今でも忘れられないことですが、新制度の導入後半年が経過した目標設定面談でのことでした。3つの工場のうち、1つを任せている幹部社員のチャレンジ目標を見たところ、なんと「危険物取扱者の資格に合格する！」と書いてあるのです。

稲垣社長は驚いて、「えっ、前から取ろうとしていたの？」と彼に聞くと、「はい、前から何か資格を取りたいと思っていたのです」と自慢げに話をしていました。その後、彼はその資格を見事に取得しました。さらにQC検定や簿記検定を取りたいと、チャレンジ精神は旺盛でした。

また他の若手現場監督ですが、今までは改善提案を促しても会社が指示したことを素直にやるだけでしたが、そのときのチャレンジ目標は違いました。具体的に、「A工程の作業時間を20％に短縮する」という明確な数値の目標設定に変わっていたのです。

つまり、自ら挑戦しようとする目標を掲げ、やろうと決意したのでした。他の社員も、自分をもっと高めようとする目標を設定し始めたのです。社長は、「今思うと、面談を通じて彼らの良いところを伸ばそうと思い、そこに助言することで、納得して、本人のやる気のスイッチが入ったのだと思います」とおっしゃいました。

さらに運用後の1年を振り返ると、「今まで私に言われたことしかやらなかった社員が、自分で考えてやらないといけないということに気がついた。行動も改善提案も曖昧だったのが、毎月、数件ができるようになったことですね」ともおっしゃっていました。

❻ 業界ナンバー1の給与水準にしたい

こうした仕組みを通じて最も良かったことは、以前は社長の想いや考えが社員に伝わらず、現場で徹底できないことが多くあったのが、社長の想いが社員一人ひとりにまできちんと伝わるようになったことです。

三晴工業さんの実践を通じて思うことは、「人には潜在能力があり、それを引き出す」ことが教育なんだということです。あとは、地道に粘り強く継続実践することです。

稲垣社長には大きなビジョンがあります。それは、業界ナンバー1の給与水準にしたいということです。社員が頑張って上げた利益を、会社として社員に還元したいのです。それが「会社の魅力」につながると思っています。

第1章
第2章
第3章
第4章
第5章
第6章

管理職の部下指導力の向上を図りたいときはどうする？

事例でご紹介したN木材会社の話です。人事制度の運用を通じて、評価者（管理職）の部下指導力を図る方法を行っています。

社員成長支援制度の重要な仕組みである「社員チャレンジシート」に、上司のコメントと本人のコメントを記入する欄があります。評価にはそれぞれの主観が必ず入りますので、その主観を少しでも軽減するには、客観的に自らの行動を記入する必要があります。

そこで、この制度運用の中で支援していることがあります。それは管理職が実際に評価した社員チャレンジシートを見て、一人ひとり面談をします。それによって、上司と部下（本人）がつけたコメントがより具体的かどうかという結果がわかります。

つまり、より具体的にコメントが記入されている場合は、上司側からいうと、部下の行動を日頃からよく見ている、一方の部下側からいうと、自分の行動を客観的に整理できているということになります。

N社は運用当初、この上司・部下のコメントが必ずしも具体的ではありませんでした。

そこで、私が管理職一人ひとりと面談をして、社員チャレンジシートについて、具体的にフィードバックをしていきました。

実際のコメントを見ていくと、日頃上司が部下にどんな指導をしているか、重点的に指導しているところはどこかといったマネジメント上の問題点が浮き彫りにされます。

悪いコメント例になると、「一生懸命頑張ってください」「一層の努力を望みます」「この調子でさらに力をつけてください」といった当たり障りのないコメントが散見されます。推測ですが、業務中に部下に曖昧な指示をしていたり、具体的な指導をしていなかったのかもしれません。

こうしたフィードバック面談を半年ごとに繰り返し実施すると、かなりの管理職の方がコメントをより具体的に書けるようになり、業務中でも部下により明確な指示ができるようになっていきます。

◆第6章 コラム◆

おわりに

最後まで本書を読んでいただき、誠にありがとうございました。

私はこの本を、ぜひ中小企業の社長に読んでいただきたいという想いで書きました。

「人材育成事業を通じて、日本の中小企業を元気にする」という私の会社の経営理念があります。

この本が、日本の中小企業が元気になるための一助になればと思います。

10年前に指導をさせていただいたM不動産は、それ以来毎年、多少の変更を繰り返しながら制度内容を見直し、しかも毎月、成長支援面談を実施しています。大変素晴らしい会社です。業績も10年間好調です。

この社員成長支援制度は、今までの事例でご紹介した会社のように即効性はありません。制度を導入して、数年後にやっと効果が出てきます。そして、社内に社長の想いを実現できる人材がドンドン育ってきます。そうなれば、社長は社長業に専念できます。会社を彼らと一緒に伸ばすことができるのです。

最後まで企画の精査や校正に携わってくださった合同フォレストの山中洋二様、松本威様、スタッフの皆様、表紙をデザインしてくださった華本達哉様はじめ、本書の制作に関わっていただいた皆様に感謝申し上げます。

また、本書出版の橋渡しをしていただいた株式会社アイユートの服部正雄様、執筆の原稿作成に尽力いただいた弊社スタッフの高島和俊さん、毛受亜紀子さん、本当にありがとうございました。

そして、この取り組みを長年にわたりご助言いただいた、株式会社自創経営センター自創経営の創始者であられる東川鷹年先生に心よりお礼を申し上げます。

最後までお付き合いいただき、誠にありがとうございました。

2019年1月

株式会社中央人事総研　代表取締役　大竹英紀

■参考文献

『社員がワクワクして仕事をする仕組み』東川鷹年　日本経営合理化協会出版局
『目標管理のための面接マニュアル』多羅尾美智代編　日総研出版
『師長・主任の看護目標面接』星野恵美子　松邑恵美子　日総研出版
『すぐ使える・すぐできる目標設定法』金津健治　日本経団連出版
『100人以下の会社の目標管理導入・展開マニュアル』金津健治　アーバンプロデュース
『やさしい行動経済学』日本経済新聞社編　日本経済新聞出版社
『社員が成長し業績が向上する人事制度』松本順市　日本経営合理化協会出版局
『昇進・昇格制度のつくり方運用の仕方』久保淳志　中央経済社

●著者プロフィール

大竹 英紀（おおたけ　ひでき）

株式会社中央人事総研　代表取締役
中小企業を元気にする組織変革コンサルタント
愛知県商工会連合会エキスパート相談員

愛知県西尾市生まれ。

昭和63年南山大学経営学部卒業。

セントラルファイナンス株式会社（現セディナ）勤務後、平成3年よりアタックス・今井会計グループ（現アタックスグループ）にてさまざまな業種にわたり経営及び人事コンサルティングに従事。

平成16年、「夢と希望　成長する元気な会社を創出」をモットーに、中央人事総合研究所を設立。

平成22年7月に株式会社中央人事総研代表取締役に就任する。

病院、住宅販売業、不動産販売業、テープ製造業、食品卸売業、木材加工販売業、自動車部品加工業、自動車設備業、制御盤製造、新聞販売業、食品製造販売業、ダイキャスト製造業、鋳物製造業、電気工事業、鉄鋼卸売業、運送業、印刷会社、メガネチェーン店、ビジネスホテル、旅館、スイミングスクール、広告代理店など100社以上のコンサルティングの実績あり。それぞれの中小企業の良さを引き出しながら、人事制度構築と運用、経営計画策定、社員教育などの支援を展開中。離職率が下がり、定着率が2桁以上のアップという多くの成果を出している。

現在も中小企業社長から、「人を成長させる仕組み」を作りたいと、相談が絶えない。

経営理念「人財育成を通じて、日本の中小企業を元気にする」の実現のために、クライアントの現場に日々奔走している。

《保有資格・公的活動》
●ＮＰＯ日本プロフェッショナル・キャリア・カウンセラー
●愛知県商工会連合会エキスパート相談員
●名古屋商工会議所　人事労務サポート事業専門相談員
●社団法人日本経営協会　専任コンサルタント
●愛知中小企業家同友会　正会員

■株式会社中央人事総研ホームページ
URL. http://www.1chuosouken.com

■お問い合わせは下記のメールアドレスへ。
ootake@1chuosouken.com

組　版	GALLAP
装　幀	華本　達哉（aozora.tv）
校　正	竹中　龍太

今いる社員で成果を上げる
中小企業の社員成長支援制度

2019年3月 5日　第1刷発行
2020年2月20日　第2刷発行

著　者	大竹　英紀
発行者	山中　洋二
発　行	合同フォレスト株式会社 郵便番号 101-0051 東京都千代田区神田神保町 1-44 電話 03（3291）5200　FAX 03（3294）3509 振替 00170-4-324578 ホームページ http://www.godo-shuppan.co.jp/forest
発　売	合同出版株式会社 郵便番号 101-0051 東京都千代田区神田神保町 1-44 電話 03（3294）3506　FAX 03（3294）3509
印刷・製本	新灯印刷株式会社

■落丁・乱丁の際はお取り換えいたします。

本書を無断で複写・転訳載することは、法律で認められている場合を除き、著作権及び出版社の権利の侵害になりますので、その場合にはあらかじめ小社宛てに許諾を求めてください。
ISBN 978-4-7726-6129-4　NDC 336　188×130
Ⓒ Hideki Ootake, 2019

合同フォレストのホームページ（左）、
Facebook ページ（右）はこちらから。　➡　
小社の新着情報がご覧いただけます。